法官行为

信息资源和司法效率

彭　春／著

法律出版社 LAW PRESS · CHINA ｜ 北京

图书在版编目(CIP)数据

法官行为、信息资源和司法效率 / 彭春著. -- 北京:法律出版社, 2023
ISBN 978-7-5197-8467-6

Ⅰ. ①法… Ⅱ. ①彭… Ⅲ. ①法官-审判-工作-研究-中国 Ⅳ. ①D925.04

中国国家版本馆 CIP 数据核字(2023)第 206120 号

法官行为、信息资源和司法效率
FAGUAN XINGWEI, XINXI ZIYUAN HE SIFA XIAOLÜ

彭 春 著

责任编辑 屈 瑶 刘梦瑀
装帧设计 臧晓飞

出版发行 法律出版社
编辑统筹 学术·对外出版分社
责任校对 张翼羽
责任印制 陶 松
经 销 新华书店

开本 A5
印张 8.25 字数 210 千
版本 2023 年 11 月第 1 版
印次 2023 年 11 月第 1 次印刷
印刷 唐山玺诚印务有限公司

地址:北京市丰台区莲花池西里 7 号(100073)
网址:www.lawpress.com.cn
投稿邮箱:info@lawpress.com.cn
举报盗版邮箱:jbwq@lawpress.com.cn

销售电话:010-83938349
客服电话:010-83938350
咨询电话:010-63939796

书号:ISBN 978-7-5197-8467-6
定价:69.00 元

凡购买本社图书,如有印装错误,我社负责退换。电话:010-83938349

目 录

绪 论

进入21世纪之后,公正与效率成为人民法院的主题。当法律实践折射到法学理论领域,法律研究工作不仅要正确认知“司法过程的性质”,而且要精准进行“司法过程的度量”。[①] 缘何度量以及如何度量审判效率,理应成为兼具实践价值与理论价值的重要课题。

对于司法效率的初步阐释,发端于现代经济学的鼻祖史密斯(Smith)。自18世纪60年代,他针对性地开启了法和经济学的双向研究:一方面关注经济制度以及相关经济因素对法律更替和演进的系统性影响,特别是就特定的经济社会环

---

① 为了突出研究的对象、进路与方法,本书借用了本杰明·卡多佐撰写的《司法过程的性质》和路德维希·冯·米塞斯撰写的《人的行为》两本书名,强调关于司法活动的学术研究不应局限于诉讼过程的抽象推理,而应当更加注重对法官行为的微观观察,进而精准地度量司法过程、优化公正与效率的关系。需要说明的是,近代以来,世界各国通行的司法概念与审判实为同义语,本书将司法限定于最狭义范畴,即司法指审判。参见[美]本杰明·卡多佐:《司法过程的性质》,苏力译,商务印书馆1997年版,第1页。[奥]路德维希·冯·米塞斯:《人的行为》,夏道平译,吴惠林校订,上海社会科学院出版社2015年版,第13页。

境下法官如何取得审判权、审判权的具体行使方式进行了实例讲解；[①]另一方面反向研究了法律和司法制度对市场交易主体造成的行为激励、对经济环境造成的变革性影响，说明法律和司法制度是在特定国家和社会框架内的利益最大化设计。[②]这一研究从宏观架构上，将司法蕴于法律制度之中，形成了“法律和司法制度—经济与市场制度”的二维分析框架，阐释了两者之间的双向互动关系。

在20世纪60年代，新制度经济学的创始人科斯(Coase)探究了司法(法官)活动的独特效率价值。他发现，在不存在交易成本的情况下，当事人能够对法律规定的行为后果进行预测，并对交往过程中的权利边界进行确定；在存在高交易成本的情况下，法院承认司法判决具有经济含义，司法政策直接影响经济社会行为，但较少谈及司法政策和司法行为对法律本身带来的不确定性；更值得关注的是，大多数法官会完全沉浸于“法律的代言人”角色，并非总是很清楚具体案件及其行为所涉及的经济学问题。[③] 这一研究将司法置于法律制度之外，形成了“经济—司法(法官)—法律”的三维分析框架，阐

---

① [英]亚当·斯密:《1766年的讲座报告》，载[英]米克·R. L.、[英]拉斐尔·D. D. 等编:《法理学讲义》，冯玉军、郑海平译，中国人民大学出版社2017年版，第403～408页。

② [英]亚当·斯密:《国富论》，郭大力、王亚南译，商务印书馆2014年版，第389～391页。

③ [美]罗纳德·H. 科斯:《企业、市场与法律》，盛洪、陈郁校译，格致出版社、上海三联书店、上海人民出版社2014年版，第95页。

释了司法活动对经济活动、法律活动均能产生重大影响。

在20世纪70年代,法律经济学的繁荣将司法效率研究引入了全新和全面发展的时代。耶鲁学派的代表人物卡拉布雷西(Calabresi,1970)将经济分析引入传统法学的具体领域并提出,正是因为经济效率的原因,一种法律制度才会排除另一种法律制度进而被立法所采用,同时,法律制度的演进又会对原有的经济考量标准进行修正;就减少侵权事故而言,可以设立三个子目标,即减少事故的数量与严重程度、风险分散和劫富济贫、减少处理事故的管理成本,包括法官在内的决策者们总是在“生命”和“效率”之间作出取舍,而且“效率”目标往往冲在了前面。[①] 芝加哥学派的代表人物和法律经济学理论体系的建立者波斯纳(Posner,1973)认为,如果司法行为仅仅解决的是当事人之间的矛盾纠纷,那么司法制度、法院机构、法官薪资等成本由涉案当事人负担就合适了;正是因为法官的裁判影响着人在未来的行为预期,影响着社会效益的最大化,司法机构的资源配置效能才成为公共财政承担相应司法成本的经济理由;同时,市场看不见的手与法官的无私公正有着异曲同工之处,微观的法官行为也存在运行成本和被扭曲的可能,当事人显然在承担纳税义务之外还需要承担个案

① [美]盖多·卡拉布雷西:《事故的成本——法律与经济的分析》,毕竞悦、陈敏等译,北京大学出版社2008年版,第23~26页。

中的特定私人成本。[①] 诚然,此时法官行为与司法效率的关系已然进入法律经济学的视野。

从20世纪80年代至20世纪末,关于司法效率的认知与理论不断深化,这深刻影响到了传统法学的核心理念、价值体系和司法机构的裁判活动、监管实践。库特(Cooter,1988)认为,法律不应当主要作为一种关于主体行为的强制制度和表现来分析,激励或者定价的分析方式让法律运行具备更充分的效益价值导向;特别是法官对任何主观价值的优先排序都会扭曲法律,由此可见,司法活动应当由效率指引,效率应当成为法律解释的关键,进而实现司法价值的最大化。[②] 梅尔库罗和梅德玛(Mercuro & Medema,1997)认为,一项司法制度或者一种司法行为会导致行为规则的变化,特定环境下的激励结构发生变化并引起具体行为的变化,最终会形成不同的经济绩效;较研究司法结构和运作规则对资源配置和分配产生的效益而言,应更多地应用效率标准评估司法活动的结果;只有司法活动同时考虑了效率和公正,关于司法活动的正面效益才能被判定为司法提高了社会福利。[③] 马泰(Mattei,

---

① [美]理查德·A.波斯纳:《法律的经济分析》,蒋兆康译,林毅夫校,法律出版社1997年版,第677~683页。

② Cooter R. D., *Liberty, Efficiency and Law*, Law and Contemporary Problems, Vol. 50:4, p. 141 - 163(1988).

③ [美]尼古拉斯·麦考罗、[美]斯蒂文·G. 曼德姆:《经济学与法律——从波斯纳到后现代主义》,吴晓露、潘晓松等译,史晋川审校,法律出版社2005年版,第26~30页。

1997)认为,一种制度规则不能在抽象或者绝对意义上被认为是有效率或者无效率,效率体现出了一种动态意义和比较价值,即要依这种制度与其可能的替代物在特定情况下的功能比较而定,例如,契约法中的当事人合意约束被法官的治理所代替,当事人需要在市场行为判断之外投入成本预测法官的行为,显然此时的法官行为具有了效率的变量属性。至此,效率的概念和价值被运用到法律适用、法律解释、司法评估、法官行为等诸多具体实践领域。[①] 值得关注的是,21 世纪前夕,我国法院开始推进系统化、规范化的法院改革并出台了第一个人民法院五年改革纲要,我国的法学和经济学学者们开始基于自身的学术视角和理论基础对司法效率进行探索性研究,关于司法效率的理论和实践开始紧密地结合起来。

进入 21 世纪后,全球的司法机构和学者们都将“效率”作为司法实践和理论研究的主题。特别是国家治理体系和治理能力现代化的进程、学术界交叉学科和跨学科研究的繁荣推动了司法效率研究的多样化、精细化发展。其中,最具有普遍性和实践性的司法效率实现方式是控制法律程序运行周期,例如欧洲司法效率委员会(CEPEJ,2016)提出,无论不同国家采用哪种模式的司法制度或者基于哪种特定的法律传统,诉讼时长、未决案件数量以及法院处理案件的能力等因素都是

① [美]乌达·马太:《比较法律经济学》,沈宗灵译,张建伟审校,北京大学出版社 2005 年版,第 189 ~ 191 页。

证明司法系统有效性的关键参数,因此应当特别关注"司法程序的合理时间",努力压缩办案周期和未结案件数量。[①] 依据我国第二个人民法院改革纲要,最高人民法院出台了《关于开展案件质量评估工作的指导意见》,"效率"成为人民法院进行案件质量评估的三大二级指数之一,并且审判效率指标由法定期限内立案率、法院年人均结案数、法官年人均结案数、结案率、结案均衡度、一审简易程序适用率、当庭裁判率、平均审理时间与审限比、平均执行时间与执行期限比、平均未审结持续时间与审限比、平均未执结持续时间与执行期限比 11 个三级指标组成。

受企业管理理论和组织行为理论的影响,法院组织改革和法官管理措施成为司法效率的实现方式之一。例如,布尼亚瓦茨(Bunjevac,2017)认为,司法效率取决于法院组织体系的运作效率,应当从组织变革的角度对诉讼延误、诉讼成本以及相关复杂性问题进行分析;对于任何法院体系的结构性改革而言,由司法控制的法院管理制度改革都是成功的关键。[②] 依据《人民法院第五个五年改革纲要(2019—2023)》,最高人民法院不断完善人民法院组织体系和机构职能体系,开展了优化四级法院职能定位、深化最高人民法院巡回法庭制度改

① Europe C. O. ,*European Judicial Systems*,CEPEJ Studies. Vol. 23,p. 184(2016).

② Bunjevac T. From Individual Judge to Judicial Bureaucracy,*The Emergence of Judicial Councils and the Changing Nature of Judicial Accountability in Court Administration*,University of New South Wales Law Journal,Vol. 40:2,p. 806 – 841(2016).

革、规范专门法院建设、深化互联网法院改革、深化与行政区划适当分离的司法管辖制度改革、深化人民法院内设机构改革、加强专业化审判机制建设、加强人民法庭建设、推动部分事务集约化和社会化管理、加强人民法院政务标准化建设、稳妥推进省以下地方法院编制和人事管理改革、研究完善人民法院司法经费保障机制12项组织结构和职能改革。

公平正义的"燃灯者"——法官及其行为亦成为实现司法效率的关键要素,桑斯坦(Sunstein,1997)就曾预言,未来需要进一步研究法官如何决策和选择,需要全方位深度解释法官行为。[①] 虽然一系列著作证明了进行理性选择的法官是司法活动中的关键变量,解释了他们如何影响司法公正和效率,但是行为法律经济学和法律认知科学尝试证明具有有限理性的法官及其行为让司法效率问题变得更加复杂,《行为法律经济学》中译本出版、上海交通大学法律与认知科学研究中心成立、《法律与社会科学》组稿"法律与认知科学"专号等现象成为我国学术界深入开展"法官行为"与"司法效率"观察的重要标志。依据我国第四个人民法院改革纲要,2017年年底全国法院初步建立了分类科学、分工明确、结构合理和符合司法职业特点的法院人员管理制度,其中与法官职业密切有关的改革包括建立法官员额制度、改革法官选任制度、完善法官

① Sunstein C. R., *Behavioral Analysis of Law*, University of Chicago Law Review, Vol. 64:4, p. 1175 - 1195(1997).

业绩评价体系、完善法官在职培训机制、完善法官工资制度等。

近年来,值得关注的是司法与经济高质量发展的关系,即法院和法官的履职情况对地方经济甚至国家战略的实现的重要影响,司法效率成为影响国家和经济社会运行效率的重要因素。受国家宏观发展战略以及法律与发展理论的影响,人民法院将“司法与发展”的关系列入第五个五年改革纲要。表现为:将“坚持服务保障大局”,“牢固树立新发展理念,为推动经济高质量发展提供优质司法服务,为优化营商环境、推动形成更高层次改革开放新格局营造良好法治环境,为保持经济持续健康发展和社会大局稳定提供有力司法保障”等确定为基本原则;并将“健全人民法院服务和保障大局制度体系”确定的十大主要任务之一,并置于首要任务“完善人民法院坚持党的领导制度体系”之后,主要内容涵盖:(1)“围绕坚决打好防范化解重大风险、精准脱贫、污染防治三大攻坚战,强化审判指导,完善工作机制,营造良好法治环境”。(2)“积极创新司法协同机制,为京津冀协同发展、雄安新区建设、长江经济带发展、粤港澳大湾区建设和自贸区建设等提供更有力的司法服务和保障”。(3)“支持海南全面深化改革开放,对海南建设自由贸易试验区、自由贸易港提供有力司法支持”。(4)“健全打造国际化、法治化、便利化营商环境司法服务和保障机制。配合中央有关部门研究制定建设法治营商环境的实施规划”。(5)“健全‘一带一路’国际商事争端解决机制”。(6)“健全产权司法保护配套机制。健全以公平为核心原则的产权保护制度”。(7)“充分发挥司法保护知识产权的主导作用,更好服务创新驱动发展战略”。

与全球其他主要法治发达国家和地区相比,我国的司法效率实践和研究在有些领域是相对领先的,如互联网审判方式;在有些领域是较为同步的,如案件审理周期控制;个别领域的资源则相对不足,如法官行为,这也被一些学者解释为多见“规范”少见“人”、对法官行为的假设不够准确等。

“在社会科学研究中,如果缺少对人类行为方式真实状态的理解,那么规范理论只能是空中楼阁、对策设计也会沦为无的放矢。”①一种研究对象的理论进阶状态与学术环境、学术路径、学术方法、学术交流、学术思潮等都有着密切的关系。我国当前的学术研究主要从法律规则实施、政治政策推行、社会文化偏好、裁判方式方法、审判权力运用等角度对法官行为进行定性分析,较少从“理性人”选择、取舍等角度对法官行为进行本土化实证研究,由此造成我国的司法理论研究上存在一定的瑕疵,即缺乏对法官作为“理性人”的微观基础性研究,在诉讼实体程序理论中往往将法官预设为不变的司法常量,低估了法官个人激励机制不足造成的效率损失。组织的效率取决于人理性协调其活动的总体能力。如果局限于宏

① 李学尧、葛岩、何俊涛、秦裕林:《认识流畅度对司法裁判的影响》,载《中国社会科学》2014 年第 5 期。

观、静态、间接的审判数据统计以及描述分析，而对法官行为产生的隐含费用、法官的预期行为和激励分析、审判质效的有效评价标准等关键问题缺乏深入研究，则难以更全面地解析法官在诉讼实体与程序规定下的主观预期变化和最终行为选择，难以更精准地评估各种正式规则和非正式规则在审判活动中的运行实效，难以对各种司法数据进行更有深度的解释应用，可能制约诉讼制度的进一步优化与完善。

本书聚焦司法效率主题，以法官行为为研究对象，充分运用全国法院的各类审判案例、审判数据，以法官对审判信息资源的认定和配置为切入点，实证地分析法官追求司法效率的预期、过程和结果，探索推进司法决策科学化、精准化的新途径。本书主要采取以下研究方法：

第一，文献与数据收集法。在研究资料方面，本书收集了丰富的论文、专著、报告、报刊作为基础素材，尽量掌握更多关于司法效率、法官行为、信息经济学以及逆向选择的基础理论；同时，收集了人民法院各种审判数据和案例，对法官开展了实地访谈和问卷调查，尽量掌握了更多的第一手现实情况。通过运用上述文献、案例、数据等材料，对司法活动中的审判效率、法官行为和信息资源利用情况进行研究。

第二，法律与经济互动法。对法律问题的经济分析，不应仅仅被看作经济学对法律的批判，而应当观察法学和经济学针对社会规则、司法规则的有效互动和合作解释。法官行为包含人类处理各种生产生活关系的经验，饱含人类面对未来时的公正价值追求和美好生活期望，为经济学供给了鲜活素材；经济学关于经济体系中人类行为的理论和方法可以在一定条件下开拓人类对司法活动的认识空间，人类行为的经济学理论已经在事实上深刻影响着法官行为的模型化、实证性研究。

第三，实证与规范综合法。实证研究和规范研究均是针对司法现象的优势分析方法，可以将两种方法进行糅合、相机抉择、综合运用。本书不仅关注现实司法活动中法律规则和审判权的实际效用问题，强调对法律制度的实际施行效果和制度环境下人们行为预期的变化进行数据化、论证型解释；而且关注更有效率的法律规则和审判权运行机制的建构问题，强调对审判的相关效率标准进行价值化、定义型阐释。

第四，解释与对策并行法。许多学者将理论分析研究的目的和任务设定为将某一现象或者行为解释好，作为后续进一步研究的基础并为后代学者去做更好的研究进行提醒，而对建议措施表现出一定程度的漠不关心或者有意避之。其实，解释分析与对策分析密不可分、水到渠成。因此，对于“为什么”“好不好”“怎么办”等命题，本书都会有所涉及，无需回避，也不能回避。

第一章　我国审判效率的认识与实践

第一节　我国审判效率的理论研究

一、我国法院改革的初步规划与审判效率理论的探索

1999 年,我国法院公布施行第一个人民法院五年改革的纲要,较为系统化、规范化地推进法院改革。该纲要将“进一步完善高效的审判工作机制”作为人民法院改革的总体目标之一,将“提高审判工作效率和管理水平”“进一步提高司法效率和法院管理水平”作为人民法院改革的具体目标之一,将“人民法院开庭审判的案件,应当逐步提高当庭宣判率”,“在法律规定范围内,多适用简易程序审理案件”,“在保证审判质量和效率的前提下,有计划有步骤地确定法官编制”,“加强法院办公现代化建设,进一步提高司法效率和法院管理水平”,“在全国建立起对各级人民法院执行机构统一领

导,监督、配合得力,运转高效的执行工作体制”,“根据便于当事人进行诉讼,便于人民法院审判案件的原则,按照规范化、规模化的要求合理设置人民法庭”,“用3年时间实现最高人民法院与高、中级人民法院之间的计算机联网,力争5年内建立全国法院计算机网络系统”,“完成对各类案件的司法统计指标体系的改革”等作为实现目标的重要措施。2004年,第二个人民法院五年改革的纲要继续将“提高司法效率”作为人民法院司法改革的基本任务和目标,制定了“继续探索民事诉讼程序的简化形式,在民事简易程序的基础上建立速裁程序制度,规范审理小额债务案件的组织机构、运行程序、审判方式、裁判文书样式等”,“与其他部门和组织共同探索新的纠纷解决方法,促进建立健全多元化的纠纷解决机制”,“改革和完善执行管辖制度,以提高执行效率,节约执行成本”,“建立案件审判、审判管理、司法政务管理、司法人事管理之间的协调机制,提高审判工作的质量与效率”,“建立科学、统一的审判质量和效率评估体系”,“改革法官考评制度和人民法院其他工作人员考核制度”等措施,并明确“把实现‘公正与效率’这一主题作为检验改革效果的基本标准”。

与审判实践相呼应,我国理论界和实务界开始对审判效率开展集中研究探索。经济学界首先关注到了法律与司法代替市场交易的边界问题,认为经济效率是确定两者边界的关键因素。史晋川(1998)提出,法律是私人交易边际的一种替代性权利配置模式,其在人们之间发生权利冲突以至于无法通过私下协商加以解决的时候才会发生作用，其涉及的关键问题是什么条件下法律对私人交易的替代才具有经济效率，即市场协调与法律控制的边界争议。[①] 同时期，法学界开始从多方面勾勒法院审判效率的基本框架：

第一，对审判效率的基本概念进行描述。刘楠（2000）认为，审判效率是指在恰当的司法体制、诉讼程序、审判方式、法官制度等机制设计环境下，各个主体通过制度环境下的行为缩短诉讼周期、简化诉讼程序、降低诉讼费用，促进诉讼成本最小化、诉讼收益最大化。[②] 钱弘道（2002）认为，司法效率是一种司法状态，即司法活动不会使一部分参与者受益而其他参与者不受损，司法效率是从法律效益角度对司法活动进行的评价；对司法效率进行分析的目的是讨论司法资源配置这一核心主题，通常可以从司法资源的节约程度、司法资源利用的有效性两个角度进行比较；要在成本和收益分析的基础上，有效合理配置司法权力，促进资源的有效利用。[③] 张志铭（2003）认为，效率强调单位时间内的工作量，需要计量投入产出的数量并进行对比分析；投入包括时间、人力、物力、财力等各种费用，产出包括数量、质量等多个方面问题；如果从时间投入与数量产出而言，司法公正和司法效率之间可能是一

① 史晋川：《法经济学》，北京大学出版社 2007 年版，第 429 页。

② 刘楠：《中美法院司法效率简析》，载《社会科学研究》2000 年第 2 期。

③ 钱弘道：《论司法效率》，载《中国法学》2002 年第 4 期。

种正相关关系，也可能是一种负相关关系，即司法产品数量的增加不必然意味着司法公正程度的提升。[①] 李家军(2009)认为，司法是一种需要讲求效率的社会活动，司法成本最小化与司法效益最大化的有机结合是提高司法效率的必由之路；司法成本是一个很复杂的参数，司法效益则以司法活动的基本社会功能为基础，其基本评判标准是纠纷解决的数量和质量。[②]

第二，对审判效率的影响因素进行研究。王晨光(1998)认为，审判效率与法院内部运行机制有着直接关联关系，主张通过认真分析和设计使新的审判方式促进审判效率，由此司法体制改革应当通过完善法院内部运行机制促进审判效率提升。[③] 陈贵民(1999)认为，效率问题贯穿整个司法体制和司法运作的过程，要通过"综合治理"提高司法效率。[④] 左卫民(2005)认为，诉讼活动应当以尽可能少的诉讼成本产出尽可能多的诉讼收益，权力经济与权利经济在基本着力点、内涵与具体制度设置、运行方式上差别巨大。[⑤] 姚莉(2006)认为，公正与效率一直被视为司法制度设计与运作的基本价值目标，司法效率的内涵可以从司法的时间效率、资源成本效率和边

---

① 张志铭：《法理思考的印迹》，中国政法大学出版社 2003 年版，第 297 ~ 298 页。

② 李家军：《司法的效率之维》，载《法律适用》2009 年第 6 期。

③ 王晨光：《办案效率与法院内部运行体制的改革》，载《法学》1998 年第 10 期。

④ 陈贵民：《论司法效率》，载《法律科学》1999 年第 1 期。

⑤ 左卫民：《刑事诉讼的经济分析》，载《法学研究》2005 年第 4 期。

际效率等不同的角度加以观察，其外在形态可以区分为司法的社会效率和司法的个别效率；可以从时间效率、资源成本效率和边际效率等不同角度分析司法效率的内涵，应当以提升效率为价值取向对审判组织以及其审判程序的若干方面进行制度重构。① 蒋惠岭（2008）认为，人民法院在日常工作中需要考虑与司法效率有关的八大关系，即司法规律与经济规律的关系、效率与公正权威的关系、当事人视角与国家视角的关系、可量化因素与不可量化因素的关系、人的因素与物的因素的关系、诉讼效率与管理效率的关系、节能增效与增加投入的关系、收入与支出的关系。②

第三，对审判效率的改进方法进行探索。吴志攀（1999）认为，法院办事难体现在审判效率较低，时间成本才是诉讼活动的最大成本，在不增加人员的情况下改革办案手段可以成为提高审判效率的另一种思路，如推进诉讼程序的电子数据化。③ 谢佑平、万毅（2003）认为，公正和效率是现代司法的两大价值目标，及时性原则已成为各国指导诉讼效率和期间的基本准则，它要求控制诉讼时间、提升诉讼节奏、简化诉讼程序。④ 林广海（2008）认为，司法效率不仅是指法官增加在单

① 姚莉：《司法效率：理论分析与制度构建》，载《法商研究》2006 年第 3 期。

② 蒋惠岭：《论司法效率的八个关系》，载《人民司法》2008 年第 7 期。

③ 吴志攀：《提高审判效率的另一种思路》，载《人民司法》1999 年第 11 期。

④ 谢佑平、万毅：《法理视野中的刑事诉讼效率和期间：及时性原则研究》，载《法律科学》2003 年第 2 期。

位时间内的结案数量或缩短具体个案的诉讼周期，从整体意义上说，它是指整个社会对司法的资源投入与正义产出之间的数量关系，即以尽可能少的司法资源谋取最大限度地对社会秩序进行维护和对社会成员合法权益进行保护，例如，知识产权是有法定时间限制的权力，效率对于知识产权保护具有重要的意义。[①] 胡云腾（2005）认为，当今世界各国开展的各种司法改革，在很大程度上都是为了改革司法制度只追求公正而忽略效率的传统模式，提高现代司法的效率；司法效率包括两个方面，一方面是提高司法资源的利用效率，另一方面是科学合理地设置各类案件的办理期限。[②] 沈明磊、蒋飞（2008）认为，司法效率不等同于案件审理迅速，过于廉价的正义也是非正义；审判效率的实现路径包括程序的省略、维持程序不变并获取其他资源、维持程序和资源均不变并优化司法资源配置。[③]

二、我国法院改革的持续推进与审判效率理论的进阶

2009 年，全国法院受理案件数量突破 1000 万件，这一年我国法院公布施行了第三个人民法院五年改革的纲要。该纲要在指导思想上要求“紧紧抓住影响和制约司法效率的关键

---

① 林广海：《论知识产权的效率与效益》，载《人民司法》2008 年第 11 期。

② 胡云腾：《点击司法改革的几个关键词》，载《人民司法》2005 年第 6 期。

③ 沈明磊、蒋飞：《资源配置视野下的司法效率》，载《人民司法》2008 年第 17 期。

环节”,在工作措施中要求“优化审判业务部门之间、综合管理部门之间、审判业务部门与综合管理部门之间、上下级法院之间的职权配置,形成更加合理的职权结构和组织体系”,“切实提高审判质量和效率”,“提高执行工作效率”,“研究制定符合审判工作规律的案件质量评查标准和适用于全国同一级法院的统一的审判流程管理办法”,“改进办案考核考评指标体系”,“建立健全多元纠纷解决机制”,“完善法官激励机制”。2014 年中国共产党第十八届中央委员会第四次全体会议通过了《中共中央关于全面推进依法治国若干重大问题的决定》,这一决定是新形势下全面推进依法治国、加快建设社会主义法治国家的纲领性文件。2015 年人民法院第四个五年改革纲要积极贯彻《中共中央关于全面推进依法治国若干重大问题的决定》,提出了“优化人民法院内部职权配置,健全立案、审判、执行、审判监督各环节之间的相互制约和相互衔接机制”,“强化法定期限内立案和正常审限内结案,建立长期未结案通报机制”,“健全轻微刑事案件快速办理机制”,“健全多元化纠纷解决机制”,“强化审判流程节点管控,进一步改善案件质量评估工作”,“提高送达效率”,“打造分类科学、信息全面的司法统计标准体系,逐步构建符合审判实际和司法规律的实证分析模型”,“建立科学合理、客观公正、符合规律的法官业绩评价机制,完善评价标准,将评价结果作为法官等级晋升、择优遴选的重要依据”,“按照科学、精简、高效的工作要求,推进扁平化管理,逐步建立以服务审判工作为重心的法院内设机构设置模式”,“推动人民法院信息化建设”的工作举措。

这一时期,全面推进依法治国的顶层设计以及相关实践、法律与其他社会科学的交叉融合发展等共同促进了审判效率理论的进一步深化与发展:

第一,对提升审判效率的效果进行评估。苏力(2010)认为,实践中增加司法资源的供给、推出便民举措、缩短诉讼周期等各种做法均控制、减少了司法成本;但这些制度均对全社会的司法消费产生了激励作用,司法效率不仅是司法成本的结果表现,而且应当主动调节司法成本,因此“有所为有所不为”应当成为法院履行职能的约束性理念和条件。[①] 张洪涛(2010)认为,公正和效率是现代法院共同追求的目标,在以公正为主兼顾效率的功能设计中,法院组织结构以同等结构为主,辅之以等级结构;在以效率为主兼顾公正的制度设计中,法院组织结构以等级结构为主,辅之以同等结构;在我国法院的行政管理与审判系统高度混同的情形下,法院的效率由法院行政管理效率和法院审判效率构成,提高法院行政管理效率的措施与提高法院审判效率的措施是不同的。[②] 刘练军(2015)认为,“案多人少”的矛盾来自两个方面:一方面是

---

① 苏力:《审判管理与社会管理——法院如何有效回应“案多人少”》,载《中国法学》2010 年第 6 期。

② 张洪涛:《司法之所以为司法的组织机构依据——论中国法院改革的核心问题之所在》,载《现代法学》2010 年第 1 期。

法院里判案法官的比例明显偏低;另一方面是法院的司法效率偏低。这两方面背后的一个重要原因在于法院科层化体制,因此“案多人少”在很大程度上是法官科层化生存所衍生出来的伪问题。[①]

第二,对提升审判效率的目标进行调整。艾慧佳(2010)认为,在一个存在有效解纷机制市场的稳定社会,司法效率和减少机会型诉讼是正式司法的终极目标,如果有一套能够保证单个法官和整个司法系统始终如一依法判决的制度体系,长期内潜在的机会主义诉讼就会减少,有限的司法资源就能够用于相对重大的与尚无指导性规则的正外部性纠纷,司法的公正和效率因此可能实现。[②] 罗东川、黄斌(2011)认为,应当利用有限的司法资源谋取最大限度的社会公正、合法保障,具体措施包括增加资源投入并扩大司法资源总量,降低部分个案的成本并使存量司法资源办理更多案件,进一步增强审判活动的效益。[③] 陈天昊(2013)认为,案件的快速增长与漫长的审理期限效应叠加将直接导致“审判窒息”问题日益严重,提高审判效率、缓解“审判窒息”问题成为一些诉讼制度改革的首要目标;一项具体改革举措的出台往往具有追求公

① 刘练军:《法院科层化的多米诺效应》,载《法律科学》2015 年第 3 期。

② 艾慧佳:《调解“复兴”、司法功能与制度后果——从海瑞定理 I 的角度切入》,载《法治与社会发展》2010 年第 5 期。

③ 罗东川、黄斌:《我国司法效率改革的实践探索　立足于当前人民法院“案多人少”问题的思考》,载《法律适用》2011 年第 3 期。

平、提高效率两种考量，但是输出公正的质量绝不能打折扣，提高审判效率不能以牺牲审判公正为代价。[①] 程关松（2015）认为，司法效率应是嵌入司法公正结构的效率；在社会转型时期，“诉讼爆炸”使司法效率的价值凸显，旨在提高司法效率的司法改革必须将决定司法效率的要素和影响司法效率的因素区分开来，创新提高司法效率的实现方式，明确司法改革的正确途径。[②]

第三，对提升审判效率的措施进行完善。王亚新（2010）认为，“繁简分流”能够有效提升司法效率，具体做法是对难度不同的案件进行分类，将分类后的不同案件纳入不同的程序，标准化与流程化的案件办理方式能够提升法官办理类案的专业化程度、缩短办案周期，因此重构体系性程序方案是推进繁简分流、提升审判效率的必要条件。[③] 张进德（2011）认为，司法效率的降低主要体现在案件整体数量的增加和案件个体成本的增加两个维度，特别是对抗制越发达，正当程序的发展便越全面而复杂；辩诉交易的兴起史同时也是以陪审团为标志的对抗制审判节节败退的历史，虽然辩诉交易的起源问题没有太多基于司法效率原因的考虑，但是它却被广泛地

① 陈天昊：《公正、效率与传统理念》，载《清华法学》2013 年第 4 期。

② 程关松：《司法效率的逻辑基础与实现方式》，载《江西社会科学》2015 年第 8 期。

③ 王亚新：《司法效率与繁简分流》，载《中国审判》2010 年第 8 期。

用以应对日益凸显出来的司法效率降低的状况。[①] 李本森(2013)认为,司法机关可以通过简化简单多数和优化复杂少数实现最优的司法资源配置;司法机关要在保证法律主体基本权利的前提下,本着简化程序而不简化权利的原则来降低司法活动的边际成本,提高司法效率并促进司法公正。[②] 熊秉元(2016)认为,追求私人财富最大化的理性人通过在权力边界选择自己的行为来达到个人效应的边界,这一逐利的过程不可避免超出个人权利的边界并造成外部性,因此需要通过设计关于促进信息传递、增加加害成本等司法制度规制外部负效应、实现财富最大化。[③]

三、我国法院改革的全面推进与审判效率理论的体系

2016 年,全国法院受理案件数量达到 2305 万件,案件同比增长达到 28.1%,这一增长比例达到了 21 世纪以来的最高点。针对这种实际情况,人民法院第五个改革纲要进一步强化了对审判效率的指导。该纲要将“加快形成系统完备、科学规范、运行有效的制度体系”“全面提升司法效能”纳入指导思想,将“构建优化协同高效的人民法院组织体系和机

① 张进德:《刑事诉讼效率的追求与美国辩诉交易的兴起——以对抗制的衰退为中心》,载《法律适用》2011 年第 1 期。

② 李本森:《法律中的二八定律——基于被告人认罪案件审理的定量分析》,载《中国社会科学》2013 年第 3 期。

③ 熊秉元:《正义的效益》,东方出版社 2016 年版,第 125 页。

构职能体系”“推动实现审判资源优化配置、司法效能全面提升”“构建中国特色社会主义现代化智慧法院应用体系”纳入总体目标,明确了“建立干部素质培养、知事识人、选拔任用、从严管理、正向激励体系”“健全为打好三大攻坚战提供司法服务和保障机制”“健全为国家重大发展战略提供司法服务和保障机制”“健全打造国际化、法治化、便利化营商环境司法服务和保障机制”“健全‘一带一路’国际商事争端解决机制”“健全产权司法保护配套机制”“健全知识产权司法保护机制”“加快推进诉讼服务中心现代化建设,努力提供普惠均等、便捷高效、智能精准的诉讼服务”“完善‘诉源治理’机制,坚持把非诉讼纠纷解决机制挺在前面,推动从源头上减少诉讼增量”“理顺审判机构、审判组织、审判团队的关系,完善内部组织架构,优化审判资源配置”“加强审判流程标准化建设”“优化四级法院职能定位,完善审级制度,充分发挥其诉讼分流、职能分层和资源配置的功能”“规范基层人民法院内设机构的数量、职责、名称和规格,优化工作流程,提高运行质效”“充分发挥人民法庭面向基层、面向群众和便利群众诉讼、便利法院审判的优势,依法促进基层社会治理”“推动部分事务集约化、社会化管理”“进一步完善案件繁简分流机制,健全完善立体化、多元化、精细化的诉讼程序,推进案件繁简分流、轻重分离、快慢分道”“推广集约化、分段化送达工作机制,积极探索利用社会化服务方式开展送达工作”“建设符合执行实施工作特点的移动办案平台,切实提升工作效率和管理水平”“健全人民法院人员分类管理和职业保障制度体系”“深入推进智慧法院基础设施建设”“推动科技创新手段深度运用”“有序扩大电子诉讼覆盖范围”等主要任务。值得关注的是,人民法院首次将“健全人民法院服务和保障大局制度体系”列入第五个五年改革纲要,明确了法院的审判职能必须服务于保障“精准脱贫”“防范金融风险”“京津冀协同发展、雄安新区建设、长江经济带发展、粤港澳大湾区建设和自贸区建设”“海南建设自由贸易试验区、自由贸易港”“打造国际化、法治化、便利化营商环境”“一带一路”“产权与知识产权保护”等经济发展决策与目标。

这一时期,全国法院的案件受理数量快速攀升,提升审判效率成为司法体制改革和法院日常工作亟待破解的难题,针对审判效率的法治实践更加体系化、制度化,围绕审判效率的理论研究兼具本土性、全球性。

第一,对提升审判效率进行体系化、制度化设计。黄文艺(2017)认为,我国已进入“诉讼社会”,提高诉讼效率迫在眉睫;司法改革把提高诉讼效率摆到重要位置,推出了推进繁简分流改革、开展形式速裁程序试点、开展认罪认罚从宽制度试点、大力发展非诉讼纠纷解决机制等一系列重大改革措施。[①]徐向华(2017)认为,应当从组织架构、运行机制、技术保障三个方面来证明司法样态的变化和司法改革的成效,其中审判

① 黄文艺:《中国司法改革基本理路解析》,载《法制与社会发展》2017 年第 2 期。

效率提升主要体现在审判执行各个环节的办理时间均有缩短,办案周期压缩是审判效率提升的主要标准。[①] 冯玉军(2018)认为,司法效率是衡量司法制度的一个关键变量,在微观上,当事人对纠纷解决方式和诉讼策略的选择有成本收益的考量,在宏观上国家制度会考虑投入多少资源、投资到什么纠纷解决渠道等问题。[②] 张卫平(2022)认为,第四次《民事诉讼法》修订突出了应对"案多人少""人案矛盾"问题,其重点就是寻求效率,审判成本是法官和法院最关心的主题,但是与实务界偏重务实和自身利益不同,理论界偏重应然、理想并且关注所有权利主体的程序价值,毕竟没有价值指向的审判实证数据有时可能会变成一种价值误导。[③]

第二,对提升审判效率的措施进行本土化实证分析。钱颖一(2017)认为,法庭监管有特定的成本和收益,其体现出的效率与公平关系十分复杂,不能仅用"得失替换"来描述,例如,一些问题表面上看是公平问题,实际上是效率问题,一些公平问题的解决存在多种路径,寻找成本较低的方法需要研究效率,一些问题解决方案达到了结果公平,却舍弃了机会公平带来的正向作用。[④] 陈瑞华(2018)认为,法官员额制改

---

① 徐向华等:《"功能—组织—机制—技术"视角下的法院改革及其成效研究——以贵州省地方法院改革为例》,载《法学》2017 年第 10 期。

② 冯玉军:《新编法经济学》,法律出版社 2016 年版,第 466 ~ 472 页。

③ 张卫平:《审判资源程序配置的综合判断》,载《清华法学》2022 年第 1 期。

④ 钱颖一:《现代经济学与中国经济》,中信出版集团 2017 年版,第 279 ~ 316 页。

革要求入额法官占全院政法专项编制总数的比例不得超过39%，独立办案法官人数的减少刺激了提升审判效率的现实需求；经验表明要达到压缩办案周期的目标，必须从大幅简化庭前、庭外和庭后诉讼环节上进行改革。[①] 左卫民（2018）认为，效率化司法即提高司法效率，其主要着力点在于简化审判程序，如推行实质上的独任审判与减少合议审判程序、推行简易程序包括小额诉讼程序等；虽然我国法院在追求效率方面采取了不少措施并取得了相当成效，但到底哪些措施起到了关键作用值得讨论，综合判断发现人力资源的增加可能是最为有效的措施。[②] 熊秋红（2018）认为，互联网法院通过在线方式审理案件，有利于提高法院的司法效率；案件从立案到执行均在网上进行，诉讼信息可及时进行传递，当事人与法官可在线上进行实时交流，电子化的文书可及时进行电子送达，诉讼费用可通过网络支付工具及时缴退。[③]

第三，对审判效率主题进行了更多的比较研究。封丽霞（2017）认为，有的西方国家为了缓解"案多人少"矛盾，实施包括加速庭前程序、限制证据开示时间、借调法官、频繁应用替代性争议解决方式等"火箭式审理日程"计划，同时在一些法院内部设立"未结案件通报"制度，对法官施加压力，督促

① 陈瑞华：《法官员额制改革的理论反思》，载《法学家》2018年第3期。

② 左卫民：《"诉讼爆炸"的中国应对：基于W区法院近三十年审判实践的实证分析》，载《中国法学》2018年第4期。

③ 熊秋红：《为什么要设立互联网法院》，载《人民论坛》2018年第2期。

法官提高审案效率。[1] 孙跃(2021)认为,借助现代化的案例数据库,通过海量的案例资源可以进行快速类案检索,提高了发现和运用司法案例的效率;同时,合理参考普通法系国家的案例裁判规则可以降低法律推理与论证的负担,从而有助于提高司法效率、缓解"案多人少"司法现状。[2] 程金华(2022)认为,从全球范围看,我国法院系统所遇到的"人案矛盾"和工作压力挑战并不是个例,"人案矛盾"导致的"司法能力危机"影响了法官的司法产出并有可能相应地损害司法效率和司法公正。[3]

通过研究法治和司法实践、国内外理论成果,对"审判效率"可以有以下基本认识:(1)效率价值已经成为法律和司法政策制定、运行、适用、完善的目标。从古典经济学开始,学者们就一直关注包括法律制度在内的各类社会制度问题并将其作为增加国民财富的重要因素。新古典经济学将制度作为研究前提,对特定制度背景下的资源配置方式、司法制度运行效率以及相关问题进行分析。时至今日,很多学者一直密切关注公司法、金融法、劳动法等法律适用对经济社会发展造成的影响,并以经济社会持续健康发展为目标提出针对法律完善

---

① 封丽霞:《美国法官的办案"神话"与现实解读》,载《中国党政干部论坛》2017年第9期。

② 孙跃:《论类案裁判规则及其提炼方法》,载《湖北社会科学》2021年第8期。

③ 程金华:《法院"案多人少"的跨国比较——对美国、日本和中国的实证分析》,载《社会科学辑刊》2022年第5期。

和司法政策的建议。(2)效率已经成为对法律和司法制度进行实证分析与评断的重要标准。特别是法律经济学研究以效率为核心价值取向,研究范畴涵盖了特定经济社会条件下的法律制定、修改、适用、废止等各方面问题。不同于传统法学研究,法律经济学认为公正的价值评断方式存在概念上的模糊、逻辑上的冲突、量度上的欠缺、效果上的实证不足等问题,强调传统法学不能故步自封,应当主动与其他社会科学、自然科学进行多方互动、融合发展。(3)我国审判效率理论的发展与法院改革的进程密切相关。从我国法院改革的初步规划与审判效率理论的探索,到我国法院改革的持续推进与审判效率理论的进阶,再到我国法院改革的全面推进与审判效率理论的体系建构,理论界和实务界对审判效率的认识呈现多视角、精细化、体系性等特点,通过简化诉讼程序、司法科技创新等方式提升审判效率的思考取得了一定共识,审判效率理论有效促进了审判实践的进一步发展。

同时,可以发现:(1)在法律和司法制度研究领域对效率价值与公正价值的关系讨论得比较激烈,但是在个案审判工作中对两者关系的讨论并不多见。虽然学界在关于法律的效率价值目标、公正与效率的比较冲突、司法实践中的效率价值运用、法律与经济的分析方法等话题上开展了孰优孰劣的激烈争论,但是囿于法律思维的训练模式、适用方法的规范化要求等原因,在现实的个案审判活动中法官更加注重法律原则、行为性质、道德分析等评断。真正基于效率价值的分析极少能够进入法官个案裁判的核心领域。(2)在法律施行过程中,虽然政策原则、学术研究均强调效率的理念,但是囿于审判效率的基础理论和研究方法相对匮乏,关于审判效率的模型论证和具体判断标准尚没有取得充分共识。在我国公众的观念中,司法制度的设计、法律适用的过程一直与道德、人情、习惯、天理等因素天然亲近一些,效率多是基于"欠债还钱""赶早不赶晚"的感性表达。虽然越来越多的理论和实务工作者希望通过实证方法将司法决策过程和诉讼裁量标准明晰地论证和表达出来,但是这对政策能力、学术能力、法官素质等均提出了非常高的要求。(3)理论和实践工作者对法律资源的稀缺性认识相对不足,对配置法律资源的关注度不及对实物资源的关注度,未将制度运行成本系统化地纳入决策和研究体系。就我国的审判活动而言,学术界对司法资源的投入情况并不完全了解,除了对案多人少、人岗适配、办案周期等问题予以关切外,较少对司法公正与效率的关系、审判资源的分配效率、类案办理的全面效果等问题开展实证研究。(4)法院以及相关研究机构对效率价值的评断主要停留在统计层面的办案数量、结案速度等口径上,较少用效率价值评断具体诉讼制度、判断案件合法性等核心问题。虽然有部分学者的研究成果展现了运用经济学方法分析我国司法活动的优势,收获了一些宏观与微观视角研究、成本与行为激励研究、权利范围与财富最大化研究等理论成果,但是在整体上丰富的多学科研究方法尚未撬开个案法律适用的大门,将法律与社会科学向更广范围、更深层次融合推动的进程任重而道远。

第二节 我国审判效率的实践表达

一、法院审判效率的表达方式

下面以人民法院工作报告为公开信息数据来源,对审判效率情况进行梳理与分析。[①] 通过研究发现,人民法院关于审判效率主要是通过法院年度受理案件数量以及同比变化、办结案件数量以及同比变化、法官人均办结案件数量以及相关变化等数据进行表达。同时,还有部分工作机制是通过缩短办案周期、缩减特定诉讼环节处理时间等方式对审判效率进行表达。

2013～2017 年,最高人民法院受理案件 82,383 件、审结 79,692 件,分别比前一个五年上升 60.6% 和 58.8%;地方各级人民法院受理案件 8896.7 万件,结案 8598.4 万件,同比分

① 因为人民法院工作报告的写作方式不同,部分数据有所欠缺,但并不影响对整体数据的应用和判断。本章和后续各章节的审判数据来源除特别注明外均来自最高人民法院工作报告、全国各高级人民法院工作报告,参见各省、自治区、直辖市人大网站和法院官网,查询截止时间为 2023 年 3 月 20 日。

别上升 58.6% 和 55.6%。2018 ~ 2022 年，最高人民法院受理案件 14.9 万件、审结 14.5 万件；地方各级人民法院和专门人民法院受理案件 1.47 亿件，审结、执结 1.44 亿件。从全国各省、自治区、直辖人民法院 10 年(2013 ~ 2022 年)收结案情况看，全国各省、自治区、直辖市人民法院的受理案件数量和办结案件数量有较大幅度的增长。从已公开的数据看，2013 ~ 2017 年受理案件数量和办结案件数量最多的是广东，分别为 676.8 万件和 660.1 万件；受理案件数量和办结案件数量同比增长幅度最大的是河南，分别为 98.9% 和 98.2%。2018 ~ 2022 年受理案件数量和办结案件数量最多的是广东，分别为 1305.6 万件和 1028 万件；河南受理案件数量和办结案件数量也达到千万件以上，分别为 1040 万件和 1294 万件；受理案件数量和办结案件数量同比增长幅度最大的是广西，分别为 156.5% 和 166%。全国各省、自治区、直辖市人民法院十年间(2013 ~ 2022 年)收结案具体数据，见表 1－1、表 1－2：

表 1－1　全国各省、自治区、直辖市人民法院五年间(2013 ~ 2017 年)收结案情况

地区	收案数量/万件	同比变化/%	结案数量/万件	同比变化/%	备注
北京	290.9	—	282.4	—	
天津	141.7	61	140	57.6	
河北	372.4	53.2	372.9	51.9	结多于收
山西	156.4	68.8	153.4	68.5	

续表

地区	收案数量/万件	同比变化/%	结案数量/万件	同比变化/%	备注
内蒙古	246.5	94.6	237.5	92.3	
辽宁	358.4	51.8	338.1	41.8	
吉林	171.2	39.1	167.2	39.4	结快于收
黑龙江	216	47.3	212.7	44.2	
上海	317.8	54.2	314.8	52.7	
江苏	—	—	—	—	
浙江	675.9	66.1	659.7	62	
安徽	351.9	83.1	343.6	91.4	结快于收
福建	344	52.9	333.7	49.2	
江西	172.8	71.8	170.5	68.7	
山东	625.7	32.9	615.4	31	
河南	517	98.9	500.3	98.2	
湖北	268.5	54	261.5	51.9	
湖南	—	—	262.8	76.7	
广东	676.8	40.9	660.1	38	
广西	202.5	63.7	195.3	60.1	
海南	66.9	—	—	—	
重庆	279.1	—	272.1	—	
四川	429.6	71.3	422.3	70.4	结快于收
贵州	182.5	77.9	179.4	75.5	
云南	201.8	53.7	194.3	50.1	
西藏	11.9	21	11.4	16.8	

续表

地区	收案数量/万件	同比变化/%	结案数量/万件	同比变化/%	备注
陕西	205.4	—	190	—	
甘肃	136.1	77.5	131.8	72.8	
青海	31.7	77.4	30.9	74.6	
宁夏	68	62	65.5	59.2	
新疆	200.3	47.9	193.2	44.4	

表1－2　全国各省、自治区、直辖市人民法院五年间（2018～2022年）收结案情况

地区	收案数量/万件	同比变化/%	结案数量/万件	同比变化/%	备注
北京	—	—	444.5	57.4	
天津	221.5	56.3	219.8	57	结快于收
河北	615.7	64.5	599.8	60.9	
山西	261.8	80.6	257.9	64.9	
内蒙古	391.8	—	386.5	—	
辽宁	573.3	60.3	560	64.8	结快于收
吉林	243.8	42.4	242.1	44.8	结快于收
黑龙江	—	—	427.9	101.1	
上海	419.4	32	417.3	32.6	结快于收
江苏	1021.8	44.3	998.7	47.9	结快于收
浙江	695.8	—	707.1	—	结多于收
安徽	798.3	126.9	—	—	
福建	454	32	449.4	34.7	结快于收

续表

地区	收案数量/万件	同比变化/%	结案数量/万件	同比变化/%	备注
江西	361.1	108.9	358.5	110.3	结快于收
山东	959.2	—	966.1	—	结多于收
河南	1040	—	1028	—	
湖北	496	84.7	485.3	85.6	结快于收
湖南	538.6	95	545	107.4	结多于收
广东	1305.6	92.9	1294	96	结快于收
广西	407.7	156.5	398	166	结快于收
海南	129.5	98.6	126.7	96.4	
重庆	503.2	80.3	493.9	81.5	结快于收
四川	692	61.1	683.7	61.9	结快于收
贵州	409.4	124.7	399.6	122.7	
云南	388.3	92.4	382.7	97	结快于收
西藏	26.6	123.5	23.7	107.9	
陕西	416.1	114.8	407.4	114.4	
甘肃	260.1	91.1	252	91.2	结快于收
青海	—	—	58.5	89.5	
宁夏	126.9	86.5	124.8	90.6	结快于收
新疆	260.4	29.9	251.2	30	结快于收

同时，最高人民法院以及全国各省、自治区、直辖市人民法院的工作报告也反映了法官人均办案结案数量以及相关变化情况。随着法官员额制改革的推进，截至2018年3月全国两会时，全国211,990名法官中有120,138名进入员额，法官

数量较推行员额制前减少43.3%。最高人民法院遴选产生367名员额法官;全国各省、自治区、直辖市人民法院员额法官较以往法官数量大幅度减少。其中,员额制改革后法官员额数量最多的是山东,共7569名,法官员额数量最少的是西藏,共955名;全国各省、自治区、直辖市人民法院的办结案件数量都有较大幅度的增长,人均办结案件数量最多的是浙江,共314.9件、人均办结案件数量相对最少的是西藏,共25件,在一些受理案件数量较多的地区出现了法官一年办结案件数量超过500件的实例。随着司法体制综合配套改革的深化,截至2022年年底,北京法官人均结案量连年居全国首位,安徽法官人均结案量为482件,居全国第三位;陕西法官人均结案数量提升一倍以上。近10年,全国各省、自治区、直辖市人民法院的员额法官数量、人均办结案件数量以及相关情况说明,见表1-3、表1-4:

表1-3 截至2017年12月全国各省、自治区、直辖市人民法院的法官人均结案情况

地区	员额法官/名	人均结案数量/件	关于人均结案数量以及相关变化的说明
北京	2628	255.7	同比上升28.6%,有的法官超过500件
天津	1780	216.3	较2013年增加132.7件
河北	6024	170	2014~2016年数量分别为56件、74件、96件
山西	3091	130.6	同比上升103.7%,审理周期减少52.7天

续表

地区	员额法官/名	人均结案数量/件	关于人均结案数量以及相关变化的说明
内蒙古	3933	169.7	2013～2016年数量分别为52件、63件、78件、103件
辽宁	5082	168	2013～2016年数量分别为64件、70件、85件、96件
吉林	2943	144.6	同比上升116.8%，审理周期52.3天，减少23.4天
黑龙江	5035	121.8	2013～2016年数量分别为38件、43件、56件、96件
上海	2855	261	2013～2016年数量分别为131件、156件、187件、228件
江苏	6625	257	同比增加20件
浙江	5228	314.9	2013～2016年数量分别为186件、187件、218件、260件
安徽	5148	222	2013～2016年数量分别为67件、77件、101件、116件
福建	4072	186.5	2013～2016年数量分别为125件、121件、140件、161件
江西	3294	158.5	较改革前增加74.2件
山东	7569	195	较改革前增加101件
河南	6801	237.4	平均审理期限53天，缩短27天
湖北	5024	139.2	2013～2016年数量分别为62件、51件、52件、109件
湖南	5480	127.7	—
广东	7258	246.2	2013～2016年数量分别为92件、98件、110件、134件

续表

地区	员额法官/名	人均结案数量/件	关于人均结案数量以及相关变化的说明
广西	4331	118	较改革前增长 87%
海南	1173	182	2013～2016 年数量分别为 65 件、83 件、112 件、151 件
重庆	2759	271. 3	—
四川	6551	164	较 2012 年上升 76. 3%
贵州	2654	188. 7	同比增长 139. 8%
云南	4060	123. 5	—
西藏	955	25	较改革前增长 82. 5%
陕西	3913	134	2013～2016 年数量分别为 45 件、51 件、72 件、86 件
甘肃	2923	132. 1	同比上升 115. 7%
青海	1110	70. 4	—
宁夏	1088	175	较 2012 年增长近 3 倍
新疆	3658	134. 4	2013～2016 年数量分别为 40 件、55 件、72 件、79 件

表 1－4　截至 2022 年 12 月全国各省、自治区、直辖市人民法院的法官人均结案情况

地区	员额法官/名	人均结案数量/件	关于人均结案数量以及相关变化的说明
北京	—	—	法官人均结案量连年居全国首位
天津	—	—	法官人均办案量增长 66. 7%
河北	—	—	—

续表

地区	员额法官/名	人均结案数量/件	关于人均结案数量以及相关变化的说明
山西	—	—	为人均结案量突出的法院增加312个员额编制,一审简易程序案件平均审理时间40.8天,较2017年缩短53.8天
内蒙古	—	226	结案率93.9%,居全国第6位
辽宁	—	—	—
吉林	—	172.2	—
黑龙江	—	—	案件平均审理天数由60.9天缩短为20.3天
上海	—	—	—
江苏	—	—	庭审效率提高20%
浙江	—	—	推动人工智能运用,办案效率提升14.1%
安徽	—	482	人均结案数居全国第三位,民商事案件平均审理周期较五年前缩短21.32天
福建	—	235.1	—
江西	—	254.7	案件平均审理天数由74.5天下降至35天
山东	—	—	—
河南	—	—	—
湖北	—	—	简易程序、小额诉讼案件平均审理时间分别减至40.97天、30.66天
湖南	—	205	一审简易程序案件平均审理周期缩短38天
广东	—	357	执行结案平均用时从148天缩短到94天

续表

地区	员额法官/名	人均结案数量/件	关于人均结案数量以及相关变化的说明
广西	—	226	比上一个五年增加 98.2 件
海南	—	228	—
重庆	—	375.5	一审民商事案件平均审理周期缩短 8 天
四川	—	—	试点纠纷在院时间法院较改革前缩短 118 天
贵州	—	—	—
云南	—	—	强化人力资源支撑,基层司法能力水平显著提升
西藏	—	66	2018 年为 34.7 件
陕西	—	269	与 2017 年比,法官人均结案数量提升 100.8%,平均审理时间 53 天、缩短 16 天
甘肃	—	—	—
青海	—	—	人均办案数量同比上升 93.8%
宁夏	—	239.8	—
新疆	—	—	—

由此可见,2013~2017 年、2018~2022 年,以最高人民法院和全国各省、自治区、直辖市人民法院的公开信息数据来源为统计口径,法院的受理案件数量、办结案件数量均有所上升。在全国法院推行法官员额制改革后,依法能够独立承办案件的法官人员数量大幅下降,最高人民法院和各省、自治区、直辖市人民法院的办结案件数量和人均办结案件数量均有所上升。随着近年来司法体制综合配套改革的深化,最高

人民法院和各省、自治区、直辖市人民法院的办结案件数量和人均办结案件数量持续增加并且提升幅度较大。

二、与受理案件数量相关的因素分析

接下来,对人民法院受理案件数量以及变化情况作进一步分析。根据统计数据,2013～2017年,全国各省、自治区、直辖市人民法院受理案件数量居前六位的(除未公布五年收案总数的江苏)分别是广东(676.8万件)、浙江(675.9万件)、山东(625.7万件)、河南(517万件)、四川(429.6万件)、河北(372.4万件),受理案件数量居后六位的分别是西藏(11.9万件)、青海(31.7万件)、海南(66.9万件)、宁夏(68万件)、甘肃(136.1万件)、天津(141.7万件)。2018～2022年,全国各省、自治区、直辖市人民法院受理案件数量居前六位的分别是广东(1305.6万件)、河南(1040万件)、江苏(1021.8万件)、山东(959.2万件)、安徽(798.3万件)、浙江(695.8万件),受理案件数量居后六位的(除未公布五年收案总数的青海)分别是西藏(26.6万件)、宁夏(126.9万件)、海南(129.5万件)、天津(221.5万件)、吉林(243.8万件)、甘肃(260.1万件)。通过对各地区经济、社会、法治等实际情况以及相关统计数据的比较,[①]笔者发现法院的受理案

---

① 各地区的相关经济数据,载国家统计局官网2023年2月13日,http://www.stats.gov.cn。

件数量主要与下列因素有关:

第一,不同区域的经济发展水平。2017 年度,全国各省、自治区、直辖市地区生产总值中居前六位的分别是广东(91,648.7 亿元)、江苏(85,869.8 亿元)、山东(63,012.1 亿元)、浙江(52,403.1 亿元)、河南(44,824.9 亿元)、四川(37,905.1 亿元),地区生产总值中相对居后六位的是西藏(1349 亿元)、青海(2465.1 亿元)、宁夏(3200.3 亿元)、海南(4497.5 亿元)、甘肃(7336.7 亿元)、吉林(10,922 亿元)。通过与 2013～2017 年全国各省、自治区、直辖市人民法院受理案件数量关联可以发现,人民法院受理案件数量和地区生产总值之间有较强的正相关关系,广东、浙江、山东、河南、四川的两项数据均排在前列,西藏、青海、海南、宁夏、甘肃的两项数据均排在后列。2022 年度,全国各省、自治区、直辖市地区生产总值中居前六位的分别是广东(129,118.6 亿元)、江苏(122,875.6 亿元)、山东(87,435.1 亿元)、浙江(77,715.4 亿元)、河南(61,345.1 亿元)、四川(56,749.8 亿元),地区生产总值中相对居后六位的是西藏(2132.6 亿元)、青海(3610.1 亿元)、宁夏(5069.6 亿元)、海南(6818.2 亿元)、甘肃(11,201.6 亿元)、吉林(13,070.2 亿元);与 2017 年相比,前六位和后六位没有变化。通过与 2018～2022 年全国各省、自治区、直辖市人民法院受理案件数量关联可以发现,人民法院受理案件数量和地区生产总值之间有较强的正相关关系,广东、河南、江苏、山东、浙江的两项数据均排在前列,西藏、海南、宁夏、吉林、甘肃的两项数据均排在后列。

第二,不同区域的人口数量。本书中,常住人口包括居住在本乡镇街道且户口在本乡镇街道或者户口待定的人,居住在本乡镇街道且离开户口登记地所在的县镇街道半年以上的人,户口在本县镇街道且外部不满半年或在境外工作学习的人。截至 2017 年年末,分地区人口数量排前六位的分别是广东(12,141 万人)、山东(10,033 万人)、河南(9829 万人)、江苏(8423 万人)、四川(8289 万人)、河北(7409 万人),分地区人口数量排后六位的分别是西藏(349 万人)、青海(586 万人)、宁夏(705 万人)、海南(972 万人)、天津(1410 万人)、北京(2194 万人)。通过与 2013 ~ 2017 年全国各省、自治区、直辖市人民法院受理案件数量关联可以发现,人民法院受理案件数量和分地区人口数量有较强的正相关关系,广东、山东、河南、四川、河北的两项数据均排在前列,西藏、青海、海南、宁夏、天津的两项数据均排在后列。截至 2021 年年末,分地区人口数量排前六位的分别是广东(12,684 万人)、山东(10,170 万人)、河南(9883 万人)、江苏(8505 万人)、四川(8372 万人)、河北(7448 万人),分地区人口数量排后六位的分别是西藏(366 万人)、青海(594 万人)、宁夏(725 万人)、海南(1020 万人)、天津(1373 万人)、北京(2189 万人)。通过与 2018 ~ 2022 年全国各省、自治区、直辖市人民法院受理案件数量关联可以发现,人民法院受理案件数量和分地区人口数量有较强的正相关关系,广东、河南、江苏、山东的两项数据均排在前列,西藏、宁夏、海南、天津的两项数据均排在后列。

第三,人民法院的立案程序以及相关纠纷解决方式改革。2015 年 4 月 1 日,中央全面深化改革领导小组第十一次会议审议通过了《关于人民法院推行立案登记制改革的意见》,该意见要求改革法院案件受理制度,变立案审查制为立案登记制。《最高人民法院关于人民法院登记立案若干问题的规定》规定,自 2015 年 5 月 1 日起,人民法院对依法应该受理的一审民事起诉、行政起诉和刑事自诉,实行立案登记制。通过对全国法院受理案件数量和案件同比增长数据进行比较可以发现,2008 ~ 2014 年人民法院每年的受理案件数量基本保持平稳,稳定在 8% 以下;受立案登记制的影响,2015 ~ 2016 年人民法院受理案件数量出现了迅猛的增长,同比分别增长了 25.2% 和 28.1% ;2017 ~ 2019 年人民法院受理案件数量的增幅放缓,逐渐回落到 10% 左右。2019 年,最高人民法院发布实施《最高人民法院关于深化人民法院司法体制综合配套改革的意见——人民法院第五个五年改革纲要(2019—2023)》,确定了"创新发展新时代'枫桥经验',完善'诉源治理'机制,坚持把非诉讼纠纷解决机制挺在前面,推动从源头上减少诉讼增量"的任务。2021 年中央全面深化改革委员会第十八次会议审议通过《关于加强诉源治理 推动矛盾纠纷源头化解的意见》,最高人民法院随后出台了《关于深化人民法院一站式多元解纷机制建设 推动矛盾纠纷源头化解的实施意见》。2020

年人民法院受理案件数量下降2.4%。2008～2022年全国法院受理案件数量和案件同比增减情况,见表1－5:

表1－5　2014～2022年全国法院受理案件数量和案件同比增长情况

项目	2014年	2015年	2016年	2017年	2018年	2019年	2020年	2021年	2022年
数量/万件	1438	1800	2305	2577	2803	3160	3084	3355	3372
增长/%	7.5	25.2	28.1	11.8	8.8	12.7	－2.4	8.8	1

第四,诉讼费用的交纳标准。2006年12月8日,国务院第159次常务会议通过了《诉讼费用交纳办法》,并自2007年4月1日起施行。通过对2004～2010年全国法院受理案件数量和案件同比增长数据进行比较可以发现,受诉讼费用交纳数量和交纳方式改变的影响,2004～2010年人民法院受理案件数量和案件同比增长幅度基本保持了平稳,唯独在2007年新诉讼费用交纳办法实施当年出现了一个波峰,同比增长将近10%。2004～2010年全国法院受理案件数量和案件同比增长情况,见表1－6:

表1－6　2004～2013年全国法院受理案件数量和案件同比增长情况

项目	2004年	2005年	2006年	2007年	2008年	2009年	2010年	2011年	2012年	2013年
数量/万件	789	798	809	885	990	1051	1088	1220	1252	1337
增长/%	－2.3	1.3	1.4	9.4	1.2	6.1	3.4	2.6	6.8	6.8

通过对以上数据进行对比研究,可以发现两个方面的关联关系。一方面,全国各省、自治区、直辖市地区受理案件数

量与区域经济发展水平、区域人口数量呈正相关关系；地区生产总值高、人口数量多，受理案件数量多；反之，受理案件数量低。另一方面，全国各省、自治区、直辖市地区受理案件数量与立案标准、诉讼费用等法院程序性事项呈负相关关系；立案标准低、诉讼费用低，受理案件量多；立案标准高、诉讼费用高，受理案件量少；另外，人民法院的立案标准对受理案件数量的影响比诉讼费用造成的影响更大，前者造成的案件增长幅度超过20%，后者造成的案件增长幅度不超过10%，这也从一个侧面反映出在诉讼活动中程序调节方式比经济调节方式对当事人诉讼行为的影响更大。总之，人民法院受理案件数量受法院外部环境和法院内部环境的双重影响。

三、与办结案件数量相关的因素分析

接下来，对人民法院办结案件数量以及变化情况作进一步分析。根据统计数据，2013～2017年，人民法院办结案件数量居前六位的（除未公布五年结案总数的江苏）分别是广东（660.1万件）、浙江（659.7万件）、山东（615.4万件）、河南（500.3万件）、四川（422.3万件）、河北（372.9万件），办结案件数量居后六位的（除未公布五年结案总数的海南）分别是西藏（11.4万件）、青海（30.9万件）、宁夏（65.5万件）、甘肃（131.8万件）、天津（140万件）、山西（153.4万件）。对比统计数据可以发现，2013～2017年，法院受理案件数量与

办结案件数量的正相关关系明显,排序近乎一致;广东、浙江、山东、河南、四川、河北的两项数据均排在前列,西藏、青海、宁夏、甘肃、天津、山西的两项数据均排在后列。2018～2022年,人民法院办结案件数量居前六位的(除未公布五年结案总数的安徽)分别是广东(1294万件)、河南(1028万件)、江苏(998.7万件)、山东(966.1万件)、浙江(707.1万件)、四川(68.7万件),办结案件数量居后六位的分别是西藏(23.7万件)、青海(58.5万件)、宁夏(124.8万件)、海南(126.7万件)、天津(219.8万件)、吉林(242.1万件)。对比统计数据可以发现,2018～2022年,法院受理案件数量与办结案件数量的正相关关系明显,排序近乎一致;广东、河南、江苏、山东、浙江、四川的两项数据均排在前列,西藏、宁夏、海南、天津、吉林的两项数据均排在后列。

通过与各地区法院人力资源数量、案件办理程序设置、司法智能化建设与运用、司法管理手段等实际情况以及相关统计数据的比较,笔者发现法院的办结案件数量主要与下列因素有关:

第一,从事法院工作的人力资源数量。(1)推行员额法官制度。截至2017年年底,全国各省、自治区、直辖市地区员额法官数量居前六位的分别是山东(7569名)、广东(7258名)、河南(6801名)、江苏(6625名)、四川(6551名)、河北(6024名),员额法官数量居后六位的分别是西藏(955名)、宁夏(1088名)、青海(1110名)、海南(1173名)、天津(1780

名）、北京（2628 名）。鉴于员额法官数量的严格限制，2022 年年底，全国各省、自治区、直辖市地区未再公布地区内的员额法官数量。（2）增加司法辅助人员。根据全国各省、自治区、直辖市地区人民法院的工作报告，法院均按照司法体制改革的要求，严格控制了员额法官的比例，未进入员额法官范围的原审判人员在法院内部转岗任职；由于司法体制改革对法院的司法行政人员也有比例要求，法院的大部分编制内人员被编入司法辅助人员序列。为了更好地辅助法官办案，全国各省、自治区、直辖市地区人民法院增加了不在编辅助人员的配备，例如，2017 年北京通过购买社会服务方式增配聘用制辅助人员 1314 名、宁夏招录聘用制辅助人员 609 名、广西以购买社会服务方式配备审判辅助人员 3612 名；2022 年北京通过 12368 热线人工解决当事人找不到法官的问题，年度接听量达到 120 余万件，实现联系法官到位率 100%、反映事项回复率 100%。（3）进一步增强调解力量。全国各省、自治区、直辖市地区人民法院动员更多的社会解纷资源参与矛盾化解，例如，2017 年北京选聘 669 名人民调解员进驻基层法院、山东选聘 2513 名特邀调解员进驻法院、新疆选聘人民调解员 1481 名。2021 年最高人民法院与 11 家单位建立"总对总"在线调解机制，6.3 万个调解组织和 26 万名调解员进驻调解平台；全国法院推动调解平台进乡村、进社区、进网格，8429 个人民法庭入驻，43,033 个基层治理单位对接，走出了一条中国特色司法为民之路。（4）落实人民陪审员制度。作为推进司法民主的人民陪审员制度,在客观上增强了人民法院的人力资源配置力量,例如,2017 年河北选任人民陪审员数量为 15,047 名;四川选任人民陪审员数量为 10,889 名,较 2012 年时增加 126.6%;上海的人民陪审员参审率达 96.31%;安徽选任人民陪审员数量为 6202 名且参审率达 89.8%;福建选任人民陪审员 6628 名且一审普通程序案件参审率达 91.12%;湖南的人民陪审员一审普通程序案件参审率达 94.6%;云南的人民陪审员数量从 2013 年的 3543 名增长到 9203 名;海南的人民陪审员一审普通程序案件参审率为 74.7%;西藏选任人民陪审员的数量为 3670 名。2021 年全国共有人民陪审员 33.2 万名,参审案件 237.3 万件。此外,笔者对位于北京、河北、辽宁、浙江、福建、山东、湖北、广东、海南等地的共计 15 家基层法院进行了印证性抽样调查,2013 ~ 2022 年,这些基层法院总体工作人员数量(含行政编、事业编、聘用制等)都有不同程度的增加(但不排除抽样调查地区之外,一些西部边远地区法院总体工作人员数量下降的情况)。由上可知,全国各省、自治区、直辖市地区人民法院的人力资源数量得到了整体增强,这为法院办结案件数量的增加提供了有力支撑。

第二,诉讼程序的繁简分流。(1)案件的分流与调解。案件分流和多元调解机制在化解社会矛盾方面发挥了重要的作用,处理了大量的诉讼案件。例如,2017 年西藏、海南、北京、云南、重庆的一审民商事案件调解撤诉率达到 66.29%、

63.16%、56.7%、55.8%和51.4%,浙江在“大调解”工作中将80%以上的民商事纠纷化解在诉前和审前,山西于2017年通过人民调解、商事调解、仲裁等非诉方式分流案件7300余件。自2018年浙江受理案件数量首次实现个位数增长后逐年下降,2022年收案数量由全国第2位降至第8位,“诉讼大省”的状况得到明显改观。(2)诉讼程序的简易化。简易程序和小额诉讼程序的适用缩短了民事案件平均审理周期,加快了案件处理的速度,例如,2017年山西、河南、吉林、河北的一审民事案件平均审理时间分别缩短了52.7天、27天、23.4天、16天;刑事速裁程序和认罪认罚从宽制度的试点缩短了刑事案件办理时间,例如,2017年北京、河南的刑事速裁程序适用率分别达到了34.3%、67.3%,辽宁受理的37.46%认罪认罚案件在10天内审结,湖北武汉在刑事速裁和认罪认罚从宽改革试点后受理的81.6%刑事案件在10天内审结,海南个案开庭用时由过去40分钟缩减到15分钟内且审判周期由一个月缩短到10天。2021年上海审结小额诉讼案件16.7万件、平均审理期限15天,约为全国小额诉讼平均审理期限的一半。(3)案件的集约化处理。对关联案件及相关事务性工作进行类型化、程式化处理加快了案件的处理时间。例如,2017年北京推出集中送达和保全等措施,江苏将审判辅助事务集约化管理和服务外包,安徽推出令状式文书和文书简化模板,内蒙古呼和浩特市海拉尔区人民法院推行同类案件“门诊式”庭审且其危险驾驶类案件平均庭审时间缩短至7～10分钟。2021年具有集约集成、在线融合、普惠均等特点的中国特色一站式多元纠纷解决和诉讼服务体系全面建成,这也是世界上联动资源最多、在线调解最全、服务对象最广的一站式多元纠纷解决和诉讼服务体系。

第三,司法智能措施的适用推广。按照最高人民法院的要求,全国各省、自治区、直辖市法院结合各地实际不断加强智慧法院建设。(1)审判流程的信息化。审判流程信息化将诉讼程序与信息化建设相融合,推进了审判流程的智能化水平。例如,2017年浙江在全国首推庭审记录改革,研发应用语音智能识别系统,83%的开庭案件没有书记员出庭即可完成庭审记录;吉林、云南在看守所建成远程视频庭审系统,在监狱建成电子法庭,实现刑事案件网上开庭和减刑假释案件网上办理;北京、安徽、江西、山东等地区推动网上和微信立案、在线调解、电子送达、网上拍卖、电子卷宗随案同步。2022年北京实施全流程网上办案等35项改革措施,商事案件平均审理期限较5年前缩短19.6%,首次执行案件用时压缩61.6%,鉴定评估用时压缩88.8%,在世界银行营商环境评价中的司法程序质量指数居全球第一。(2)智能办案辅助系统。智能办案系统将法官裁判与智能化相融合,为法官裁判提供直接的智力支持。例如,2017年,上海在刑事、民商事、行政案件中推出全方位智能辅助办案系统;河北研发运行了自动生成电子卷宗、自动关联相关案件、智能推送辅助信息、自动生成与辅助制作司法文书等智能审判系统,减少了30%

以上的法官工作量;海南利用量刑规范化审判智能辅助系统将办理23个罪名案件的时间减少一半,制作裁判文书的时间缩短70%,制作程序性法律文书的时间减少90%;吉林、黑龙江、重庆、新疆等地区均建立起智能网上办案平台,提升了办案效率。2022年,浙江大力推进"全域数字法院"建设,全省106家法院、1.5万名干警在同一平台上办案办公,智慧发运建设综合评价连续3年全国第一。

第四,考核硬性指标的约束性要求。笔者通过调研发现,2016年前,全国各省、自治区、直辖市人民法院的工作报告均提及了结案率指标,即各法院均要按照一定的比例要求完成结案任务、未结案比例被控制在一定数值以下。具体方式是全国各省、自治区、直辖市人民法院将结案指标任务下发,结案任务被逐级派到下级法院,再被分派到各个业务庭,并落实到合议庭单位和法官个人。2016年后,为了科学绩效考核的需要,全国各省、自治区、直辖市人民法院的工作报告大多未提及结案率指标。但是,通过访谈调查了解到,为了压缩办案周期、减少长期未结案以及加快消化整体旧存案件数量,全国各省、自治区、直辖市人民法院还是会从审判管理角度提出结案任务指标要求并在年初、年中、年尾三个时段加以严格督导。2021年全国法院加强司法责任体系建设,不断完善法官考核制度,全面排查1990年以来"减假暂"案件1334.5万件。由于这些办案任务指标的完成情况与院长和庭长履职、法官的晋升选升、业绩奖金等因素挂钩,客观上会促使院长、庭长、法官按照任务指标要求来制订工作计划、安排工作时间。

通过对以上数据进行对比研究,可以发现两个方面的关联关系。一方面,全国各省、自治区、直辖市人民法院办结案件的数量与从事法院工作的人力资源数量、智能措施的推广、考核硬性指标的约束性要求呈正相关关系,从事法院工作的人力资源数量越多、智能措施的推广越普遍、考核硬性指标的约束性越强,办案案件的数量就越多;反之,办结案件数量越少。另一方面,全国各省、自治区、直辖市人民法院办结案件的数量与诉讼程序的繁简分流呈负相关关系;诉讼程序越简化,分流条件越低,调解、快审的案件越多,办结案件数量越多;反之,办结案件数量越少。总之,人民法院办结案件的数量受法院外部资源供给和法院内部资源运用的双重影响,并且目前的主要模式是以法院行使审判职能、法官适用法律过程为牵引进而带动其他社会资源共同化解各类矛盾纠纷。

此外,值得关注的是,从 2013 ~ 2017 年全国各省、自治区、直辖市人民法院办结案件数量、受理案件数量可以看出,吉林、安徽、四川三省的办结案件数量增加比要高于受理案件数量增加比,其他地区的办结案件数量增加比均要低于受理案件数量增加比;河北的办结案件数量要高于受理案件数量、旧存案件数量得到消化。从 2018 ~ 2022 年全国各省、自治区、直辖市人民法院办结案件数量、受理案件数量可以看出,天津、辽宁、吉林、上海、江苏、福建、江西、湖北、广东、广西、重庆、四川、云南、甘肃、宁夏、新疆的办结案件数量增加比要高于受理案件数量增加比；浙江、山东、湖南三地的办结案件数量要高于受理案件数量、旧存案件数量得到消化。可见，2018～2022年全国法院的办结案数量、结案增加比、消化旧存案件数量等均要好于上一个五年。

可见，当前审判效率表达体系中的主要关联因素，可见表1－7：

表1－7　当前审判效率表达体系中的主要关联因素

受理案件		办结案件	
正相关	负相关	正相关	负相关
1. 经济发展水平 2. 区域人口数量	1. 法院立案程序 2. 交纳诉讼费用	1. 人力资源数量 2. 智能措施运用 3. 考核指标约束	诉讼程序简化

四、审判效率的公式表达及其统计局限

将上述与审判效率的主要关联因素用公式可以表达为：

$$法院审判效率=\frac{总产出}{总投入} \tag{1-1}$$

$$=\frac{总结案}{总收案} \tag{1-2}$$

$$=\frac{\dfrac{人员数量+智能措施+考核指标}{分流简化}}{\dfrac{经济水平+人口数量}{立案程序+诉讼费用}} \tag{1-3}$$

$$= \frac{\text{人员数量} + \text{智能措施} + \text{考核指标}}{\text{分流简化}} \times \frac{\text{立案程序} + \text{诉讼费用}}{\text{经济水平} + \text{人口数量}} \qquad (1-4)$$

式(1－1)表示通过投入与产出计量的方式计算出法院的审判效能,审判效率指的是法院总产出与总投入的比值。

式(1－2)是总产出与总投入在办结案件数量与受理案件数量关系上的表达。法院作为宪法确定的履行审判职能的机构,其主要职责是办理诉讼案件。在假设法院无其他职能的前提下,总产出与总投入的比值一般等价于办结案件数量与受理案件数量的比值。

式(1－3)、式(1－4)将与办结案件数量、受理案件数量相关的因素类型化为人员数量、智能措施、考核指标、分流简化、经济水平、人口数量、立案程序、诉讼费用8个具体变量后带入,并进行运算转化。

另有:

$$\text{法院审判效率} = \frac{\text{总结案}}{\text{总收案}}$$

$$= \frac{\text{法官人均结案数量}}{\text{法官人均收案数量}} \qquad (1-5)$$

$$= \text{法官人均审判效率} \qquad (1-6)$$

式(1－5)将法院办结案件数量与受理案件数量的比值转化为法官人均办结案件数量与法官人均受理案件数量的比值。从2013～2017年、2018～2022年全国各省、自治区、直辖市人民法院法官人均办结案件数量的数据可以看出，各地人民法院的法官人均结案数量均较之前有不同程度的增长，即反映的是式(1－5)的分子部分。

式(1－6)将法院审判效率转化为法官人均审判效率，即以办结案件数量和受理案件数量为转化媒介，最终表达的是以法官为单位的产出与投入比值情况。

通过对上述公式以及相关数据的分析，有以下关于审判效率的基本结论：

第一，2013～2017年、2018～2022年全国各省、自治区、直辖市人民法院办结案件数量和增速均有大幅度提升。办结案件数量不仅与法院人员数量、智能措施、考核指标、分流简化、立案程序、诉讼费用等变量相关，而且"案多人少"的矛盾情况决定于各地经济水平、人口数量等变量。办结案件数量和结案率等数据从宏观绝对数量上说明了案件消化量的增多，这对于应对"案多人少"的现实矛盾是有积极意义的。同时要意识到，审判效率不单是一个结案数量问题，而且是与办案质量、资源分配、制度效应等多维度密切相关的问题。一方面，如果仅从结案绝对数量角度说明审判效率，在理论框架和论证逻辑上缺少一定说服力，例如，有的研究证明资源投入与司法效率的相关性较弱，一味增加资源投入无法达到预期目的，①

① Dakolias M. Court Performance Around the World, *A Comparative Perspective*, Yale Human Rights & Development Journal, Vol. 430, p. 1－58(1999).

司法系统的“输出”并不总是与“输入”匹配，人均法官和律师人数最多的司法系统并不一定带来更多的公正服务，[①]缺少针对“提速”投入的约束很可能带来更多的司法难题和审判低效。另一方面，如果忽视效率本身的多维度、多层次视角及其与办案质量、办案效果的关系，忘记“快”必须以“好”为基础，这样的“效率”实质是低效率甚至是负效率，这样的“越快”其实“越慢”，更背离了公正，如个别案件一味图快，则可能导致后续上诉、申诉、上访无休无止。[②]

第二，2013～2017 年、2018～2022 年全国各省、自治区、直辖市人民法院结案与收案对比关系发生较大变化。2013～2017 年除了吉林、安徽、四川三个省份外，全国大部分省、自治区、直辖市人民法院办结案件的速度跟不上当地受理案件的速度。2018～2022 年 16 个省、自治区、直辖市人民法院办结案件的速度比当地受理案件的速度更快，浙江、山东、湖南三地的办结案件数量要高于受理案件数量，2022 年浙江收案数量由全国第 2 位降至第 8 位，这给法院、法官的结案心态和应对“案多人少”的信心带来积极影响。同时要意识到，在破解“案多人少”的客观难题时，不能将法官始终设定为一个标准化的机器；相反，应当把法官行为本身作为一个核心变量进

---

① Uzelac A. Efficiency of European Justice Systems, *the Strength and Weakness of the CEPEJ Evaluations*, International Journal of Procedural Law, Vol. 1, p. 106－146(2011).

② 最高人民法院：《抓实抓好公正与效率　为大局服务为人民司法》，载《人民法院报》2023 年 3 月 17 日，第 1 版。

行重点研究，在对法官行为进行观测并综合考虑其他变量的基础上综合论证“案多”客观形势对审判效率造成的实际影响以及研提化解涉诉纠纷的具体措施。此外，2018～2022年16个地区办结案件的速度比当地受理案件的速度更快，3个地区的办结案件数量要高于受理案件数量，2022年浙江收案数量由全国第2位降至第8位等情况也证明了“案多”甚至“窒息”的情况是可以有效缓解的。

第三，法官办结案件数量不断增加，办案时间不断缩减。2013～2017年、2018～2022年全国各省、自治区、直辖市人民法院的法官人均办结案件数量不断上升，甚至有的法官年结案几千件；案件平均审理时间大幅度缩短，部分类型案件的办理时间减少至一半以内。同时要注意到，就一个法院而言，办结案件数量和受理案件数量的比例是从案件数量角度表示投入产出比，反映的是人民法院的整体效能，属于组织机构运作的范畴。目前，法官人均办结案件数量的界定方式，是将法院办结案件数量除以法官人员数量，其实质是以法院办结案件数量为媒介，对法院整体效能进行单元化计量，表达以法官为单位的产出与投入情况。但是，这种单元化的标准计量方式无法全面体现法官的“行为”特征，即这种均化方式尚不具备充分的微观效率解释力。判断法官的审判是否有效率，其实还应当观测其行为是否符合激励兼容约束，即法官依法裁判的预期净收益要大于或者不少于法官选择其他行动的预期净收益，且其预期净收益符合法律设计的目的。

第三节　审判效率须锚定于法官行为

结合上述审判数据和论证分析可以发现，当前实践中的审判效率表达有明显的特点，即审判效率主要聚焦于法院各种工作措施、受理案件数量、办结案件数量、案件或者特定程序办理周期以及折算成单元化的人均数据统计等情况。这种表达方式主要体现了宏观数据的增长、审判数据的趋势描述、程序环节的时限要求、人员物资技术的投入等情况。但同时须警惕一种潜在的思维方式，即在一定程度上忽视微观层面的法官行为，或者将法官行为默认为一个常量、又或者将法官行为理解为一种通过业务培训即可将变量影响控制在最小的因素——“员额”并非，也不可被假定为“常量”，审判效率绝不应局限于司法效率的单一维度。

任何一个组织从来不能也永远不能像机器一样运转，组织的效率取决于组织中的理性人总体协调其活动的能力——这种能力取决于技术的发展，也取决于而且有时尤其取决于人们能够以何种方式进行他们之间的合作游戏。[①] 诚然，关于

① ［法］米歇尔·克罗齐埃：《科层现象》，刘汉全译，上海人民出版社 2002 年版，第 6 页。

审判效率的核心问题是，如果脱离法官行为的深度研究，仅对审判活动进行偏宏观、静态、间接的统计描述性分析，无论在理论研究方面还是在推动实际工作方面都是不够到位的：

第一，宏观框架的研究方式一般不涉及法官的个人理性以及非理性现象、法官对法律制度的激励反应行为、法官在人力资源环境下的实际劳动负担程度等微观问题。在审判效率的评断中，个人效用最大化是要首先考虑的基本问题之一。如果脱离法官个人意向和行为的研究基础，一方面不能分析出各种正式规则和非正式规则对审判活动中各主体行为产生的影响以及隐含费用情况，另一方面无法在法官个人选择基础上对法官集体行为选择结果开展进一步分析。

第二，静态粗放的研究方式一般不涉及法官对审判活动的预期、法官决策过程中的心理和行为改变、法律制度的沉默成本分析等问题。在审判效率的评断中，可以充分引入并运用现代经济学激励分析的研究成果，这些相关理论研究成果为分析判断法官行为提供了扎实的理论基础和丰富的模型基础。如果脱离对法官行为的激励研究：一方面不能深入解释法官面对制度激励时的事前预期行为和事中行为改变情况；另一方面也无法评断法官行为预期变化与审判效果之间的因果或者其他相关关系。

第三，间接描述的研究方式一般不涉及审判活动中的制度设计、审判权运行的具体效果、案件审理的实际质量等问题。在审判效率的评断中，可以开展关于最优制度设计、审判权力运行、案件质量情况的实效分析,这些分析方式能够直接说明制度环境对法官行为的影响方式以及法官运用审判权力审理案件的效果。如果缺少直接实证性研究,一方面难以对各种数据进行全面科学处理并评估制度在实际运行中的效果,另一方面也难以在优化完善制度过程中提出针对性的措施。

因此,关于审判效率的观测和评断应当具有宏观和微观两个研究视角,静态和动态两种研究方式,规范和实证两条研究路径。唯有如此,才能更周延地回答关于特定环境下法官依法行使审判权、从事审判活动的效率性命题,相关的研究才更加具有理论和实践意义。反观当前的研究现状可以发现,理论界和实务界对审判效率的研究是未成体系的、不够全面的,对审判效率的微观、动态、实证研究是相对匮乏的,应当积极研究建构既符合中国国情和司法规律,又利于改进现实审判制度和传统理论研究的效率分析模型、评判标准和表达体系,以期更加有效地改进制度设计、增进审判效率、促进司法公正。

第二章　探究以法官行为理论为基础的审判效率模型

第一节　法官行为理论的基础架构

“法官如何思考，如何行为？”是中外理论界普遍关注且一直尝试解释的问题。

在国外，戈德曼（Goldman，1979）认为，一个人过去的行为是对其后续行为的最好引导和预测，法律人不应只知道法律和判例的指导作用，而应当通过观察、理解法官行为更好地理解法律和司法、更好地发现现实与过去的差异。[①] 波斯纳（Posner，2013）提出，法官的行为，尤其是影响法官行为决策

① Goldman S. , *The Effect of Past Judicial Behavior on Subsequent Decision-Making*, Jurimetrics, Vol. 19:3, p. 208 - 217(1979).

的因素并没有很好地被律师、法学教授甚至法官自身所理解,[①]并且将关于司法行为的解说划分为九种理论,包括态度理论、战略理论、社会学理论、心理学理论、经济学理论、组织理论、实用主义理论、现象学理论、法条主义理论。[②] 爱泼斯坦(Epstein,2016)将司法行为分为两大类,第一大类是关于法官的动机、职业和绩效,第二大类包括司法关系、法官的选拔和任用、法官的权力、法官的观点和司法先例、合议庭、司法等级、与行政和立法的关系、与当事人以及律师等主体的关系、舆论与宏观事件、司法执行的裁决和效力等相关主题。[③]

在国内,李晓安、曾敬(1994)提出,由于人的情感、动机、行为及社会发展的某些不可控性,司法活动中不同主体、客体以及法律实施诸多因素的共同影响,使法律在现实生活中的实际作用往往与其立法目的发生某种偏离,甚至否定,进而产生有效、无效甚至负效的结果。[④] 苏力(2011)也提出,美国法学界的问题在中国同样存在,并有可能愈演愈烈,即太多的法学研究脱离了或正在脱离司法实践,只讲正确的原则甚至是

---

① [美]李·爱泼斯坦、[美]威廉·M. 兰德斯等:《法官如何行为:理性选择的理论和经验研究》,黄韬译,法律出版社 2017 年版,第 1 页。

② [美]理查德·A. 波斯纳:《法官如何思考》,苏力译,北京大学出版社 2009 年版,第 17～56 页。

③ Lee Epstein. , *Some Thoughts on the Study of Judicial Behavior*, William & Mary Law Review, Vol. 57, p. 2017 - 2073(2016).

④ 李晓安、曾敬:《法律效益探析》,载《中国法学》1994 年第 6 期。

法学常识,完全不理解法院和法官的问题,或者司法上无法操作。[①] 周叶中(2012)以行为理论为基础提出,司法行为对象的差异性决定了司法行为模式的差异性,行为模式的差异性又决定了不同司法权构成要件的差异性;权力和行为的综合考量模式、互动研究范式能够帮助我们更深入地探讨司法的基本属性、行为特质和基本功能。[②] 孙笑侠(2016)认为,根据常识,司法标准、司法主体与司法行为是司法的最重要的三大问题,这三大问题分别对应规则与结果、职业与民众、克制与能动三对哲学范畴,这三对哲学范畴都最终勾连着"逻辑与经验"的关系并都与法官行为相关联。[③] 王彬(2018)对国外司法进行研究后发现,"新法律现实主义"试图从相关的经验资料出发来理解法官裁判行为,不断扩大案件和影响裁决因素的研究范围,经验性地理解法官行为和"行动中的法律",并发展出了态度模型和策略模型两种研究模式;整体来看,模型研究已经在一定程度上取代了个别性的案例研究,个案研究无法解释法官行为的复杂性和整体司法状况;我国的司法决策研究在内容上刚刚起步,国外学术资源借鉴程度不足,不应局限于"规则之治"的法教义学和"解决纠纷"的法社会学

---

① 苏力:"中文序",载[美]理查德·A. 波斯纳:《法官如何思考》,苏力译,北京大学出版社 2009 年版,第XIV页。

② 周叶中:《司法行为模式论——以行为理论为视角》,载《河南财经政法大学学报》2012 年第 1 期。

③ 孙笑侠:《基于规则与事实的司法哲学范畴》,载《中国社会科学》2016 年第 7 期。

两种进路。[①]

基于基本国情和学术基础的不同,我国与西方对于“法官如何思考,如何行为”这一问题的理论分析路径和框架存在差异性。西方的法官“决策”理论的表述并不符合我国国情。我国《宪法》第131条和《人民法院组织法》第4条规定,“人民法院依照法律规定独立行使审判权”。我国《法官法》第2条规定,“法官是依法行使国家审判权的审判人员”。在此背景下,法院“决策”的权力主要属于法院党组和审判委员会,法官的角色设置和权力范围主要是“依法履行职责”“审判案件”,法官主要是一个“执行”者。因此,西方“法官决策”理论的底层逻辑并不符合我国的实际,将“法官行为”作为研究对象更加契合中国特色社会主义法治体系的意识形态基础。

从目前的文献资料看,关于我国法官行为理论研究的定位、范畴和框架尚不成熟。例如,“法官审判理论”专注于权力运用方式和法律适用过程,对非法律因素如何影响审判则较少涉及,“法官裁判行为”专注于法官的审判权、对院长庭长的监督管理权则较少涉及,“法官裁判方法”专注于裁判结果的理性推理、对非理性因素的作用则较少涉及,“司法行为”的研究对象过于宏观且其概念可以同时指代审判机关、检察机关、法官、检察官的作为……形成上述研究现状的原因

① 王彬:《法律现实主义视野下的司法决策——以美国法学为中心的考察》,载《法学论坛》2018年第9期。

主要是学术研究的思维方式受限于传统理论和既有知识体系。随着我国国家治理体系和治理能力现代化的推进、学术界交叉学科和跨学科研究的繁荣,以法官行为为对象的研究必然要吸收来自经济学、社会学、心理学、人类学、计算机科学等学科的成果,不断拓展研究对象的内容和研究方法,进而刻画出更加“真实、精准、可理解”的“法官画像”。

本书将尝试梳理建构更契合我国全面依法治国实践和自主法学知识体系的法官行为理论体系。我国法官行为理论研究的主要范畴和内容框架包括法官行为的合法性、法官行为的合理性、法官行为的激励性、法官行为的创设性、法官行为的规范性五个体系,这五个方面不但在宏观上符合于中国实践基础上推进理论创新的要求,而且在实践上涵盖了现阶段我国法官的主要职业活动。其中,相关文献资料和学术论点以国内研究为主,也适当覆盖了国外的一些主要研究观点。

一、法官行为的合法性

法官行为的合法性是法官行为理论的基石,阐释了法官依法行使国家审判权的前提条件。法官行为的合法性主要源于法律的决定性作用、法律之外体制制度的塑造性影响以及法官个人特质的强大制约作用。这三个方面并不是固定封锁的状态,而是在特定环境下协调输出的综合效应形态。

第一,法律对法官行为产生决定性作用。绍尔(Schauer,

1988)认为,法官行为都是由“法律”确定的,上述法律是指宪法、制定法文本以及先前判决,或者是可以通过逻辑操作从这些材料中衍生出来的一套已有规则,而无论实施法律的“人”何等不同都没有关系。① 顾培东(2004)认为,法律是法官行为的基本依据和角色“剧本”,法律规范决定了法官行为的功能、权力和特征。② 王申(2012)认为,法官对经验与理性的追求体现了法律所固有的规则性及其内在的逻辑力量。③ 克拉默(Kramer,2016)认为,如果法官作为“替代的立法者”从事法律续造活动,不应当包括法律政策类的根本性和“策略性”的全新判决,而应当被限定在法律的“战术性”适应和续造范围内。④ 格鲁克和波斯纳(Gluck & Posner,2018)对联邦上诉法院法官进行的法定解释方法调查显示,这些法官使用的方法与最高法院声称采取的方法之间有重大差异,被采访的法官考虑将不同种类的论据和证据作为最正确的裁判方法,而没有一个人愿意不加限定地将自己与“文本主义”联系起来。⑤

---

① Schauer F., *Formalism*, Yale Law Journal, Vol. 97:4, p. 509 – 548(1988).

② 顾培东:《社会冲突和诉讼机制》,法律出版社 2004 年版,第 115 页。

③ 王申:《法官的理性认知与司法前见》,载《法律科学》2012 年第 6 期。

④ [奥]恩斯特·A. 克莱默:《法律方法论》,周万里译,法律出版社 2019 年版,第 266 ~ 268 页。

⑤ Gluck A. & R. Posner R. A., *Statutory Interpretation on the Bench: A Survey of Forty-Two Judges on the Federal Courts of Appeals*[J]. *Social Science Electronic Publishing*, Vol. 131, p. 1298 – 1373(2018).

第二,法律之外的体制制度参与构建了法官行为。斯科特(Scott,2002)认为,法官必然追求法律的准确性,同时这种追求会与对某种政策偏好的欲望相抗衡,上述冲突表现为:一方面,法官们共同追求法律的精准本义;另一方面,不同层级和地域法官的行为模式会有差异。[①] 赛加尔和斯帕斯(Segal & Spaeth,2002)认为,最好用法官带进案件的政治偏好解说法官的决定,美国最高法院是根据大法官们的意识形态偏好与价值来裁决纠纷的。[②] 波斯纳(2006)提出,在不同的司法职业系统中,法官的角色行为会有较大差异;一些大陆法系国家的法官保持了像普通公务员一样的满足上级期望、保持谦虚服从态度、遵守严明纪律等职业行为特征,而一些英美法系国家的法官享有终身职位和任职期间,有更加明显的个人主义和自由行为特征。[③] 黄韬(2011)发现,我国的法院和法官会对法律作变通的解释以满足其追求个案公正的社会公共利益。[④]

第三,法官的个人特质必然对法官行为形成强大制约。

---

① Scott K. M., *Understanding Judicial Hierarchy: Reversals and the Behavior of Intermediate Appellate Judges*, Law & Society Review, Vol. 40:1, p. 163 – 191(2006).

② See Segal J. A. & Spaeth H. J., *The Supreme Court and the Attitudinal Model Revisited*, Cambridge University Press, 2002, p. 430 – 435.

③ Posner R. A., *The Role of the Judge in the Twenty-First Century*, Boston University Law Review, Vol. 86:5, p. 1049 – 1068(2006).

④ 黄韬:《中国式的公正政策法院——以我国法院对金融案件的处理为例》,载《社会科学研究》2011年第6期。

刘金国、周静(1999)认为,法官判案是司法的核心层,法官的判决过程是基于文化观点和理解态度的判断。[①] 黄竹胜(2002)发现,法官在整个司法活动中占主导性地位,法官对法律、事实、方法等认知的理性化程度直接制约着司法的理性化程度。[②] 曾康(2003)认为,只有了解法官的利己人性才能更真切地认识和理解法官的行为,在此基础上的研究才能为法官制度的完善提供更加科学的理论依据。[③] 田雷(2009)提出,西方的法官行为研究主要表现为态度模式和策略模式两种范式,态度模式主要关注法官的实体立场,策略模式主要考察法官决策的动态过程;法官行为模式的差异决定了法官投票结果的差异性,同时只有基于特定时代背景的法官行为模式研究才能更准确地解释司法结果。[④] 陈林林、张晓笑(2014)认为,对裁判行为的认知心理学阐释能够为司法决策过程提供一个精细化、科学化的新描述;法官在个案裁判时候会在不同模型中往返流转,从而导致不同模型的交互激活,并在受到多种推理影响的相互竞争的行为方案中进行独立选

① 刘金国、周静:《论司法公正——法官的行为哲(科)学》,载《政法论坛》1999年第5期。

② 黄竹胜:《论司法行为理性化及其制度性条件》,载《当代法学》2002年第3期。

③ 曾康:《利己人性下的法官行为分析》,载《甘肃理论学刊》2004年第1期。

④ 田雷:《法官如何决策?——司法行为研究的文献综述》,载《法律方法》2009年第8期。

择；[①]此外，对司法行为的经验研究表明，疑难案件中的司法决策取决于法官的“态度”，即法官所持有的意识形态或政策偏好——态度模型理论已经成为解释美国最高法院决策的支配性理论。[②]

二、法官行为的合理性

法官行为的合理性是法官行为理论的主要内容，阐释了法官公正行使国家审判权的具体方式方法。法官行为的合理性建构主要是通过规范应用推理等法律适用方法、有效执行特定的政治与司法政策、积极完善法官的法学知识与技能。这三个方面共同维系了法官行为的理性外观，证明法官公正行使国家审判权已经具备了充分要件。

第一，规范应用推理等法律适用方法。卡多佐（Cardozo，1921）承认逻辑推理在法律适用过程中的重要作用，但更强调法官在决断疑难案件时必须平衡好哲学、逻辑、类推、历史、习惯、权利意识等因素并随时进行增减；他还特别指出，喜爱和厌恶、偏好和偏见、本能、情感、习惯和信念同样是法官作为

① 陈林林、张晓笑：《裁判行为的认知心理学阐释》，载《苏州大学学报（哲学社会科学版）》2014年第4期。

② 陈林林、杨桦：《基于“态度”的司法决策》，载《浙江大学学报（人文社会科学版）》2014年第5期。

人而应当具有的特征。[①] 胡夏冰(2003)提出,司法活动是一个高度个性化的裁判活动,它的最基本的特点就是要求整个裁判过程具有“亲历性”,即法官必须亲自接触案件事实、感知双方当事人提供的证据材料、听取当事人的陈述和辩论,由此在最大限度上进行接近真实的判断。[②] 郝建设(2004)认为,在司法活动中法官通过法律推理活动完成司法任务;作为一种重要的司法行为,法律推理是一个正当性证明的过程,是使当事人知道并相信法官判断的过程;同时,法律推理具有规范性、确定性、一致性等性质,规制着法律规范和案件事实之间的合乎逻辑的联系,制约着法官的审判行为。[③] 当然,也有观点指明了形式逻辑的不足,但是并没有影响传统法律适用方法的地位。

第二,有效执行特定的政治与司法政策。布鲁克斯(Brooks,2005)认为,逻辑方法和政策方法是法官可以而且经常采用的方法,尽管有人指责政策方法不适宜,但政策方法的正当性最终取决于其对司法的重要性。[④] 崔和库拉蒂(Choi & Gulati,2008)验证了美国法官在撰写判决时的司法引用技术

---

① [美]本杰明·卡多佐:《司法过程的性质》,苏力译,商务印书馆1997年版,第1~86页。

② 胡夏冰:《司法权——性质与构成的分析》,人民法院出版社2003年版,第328页。

③ 郝建设:《法律推理和司法公正》,载《社会科学辑刊》2004年第1期。

④ Brooks R. L. ,*Structures of Judicial Decision Making from Legal Formalism to Critical Theory*. Carolina Academic Press,2005,p. 3 -4.

存在选择性偏见，例如，法官较少引用对方政党法官的意见，积极参与争议性活动，更倾向于特定法官群体范围内的相互引用。[①] 苏力（2019）研究发现，教义分析和法律技能不足以有效回应难办案件，因此法官对政治的判断和政策的考量不可避免。[②] 弗里德曼（Friedman，2016）认为，法官是社会的产物，几乎所有的美国法官都承担政治任务，法官判断本身也是时代的产物；对法官来说，大部分案件是例行公事，处理结果很少出现冒险、空想和创造力。[③] 宋远升（2017）认为，司法行为是一项艺术，只有既有刚性又有灵活性的司法才最具有生命力，因此绝对的司法能动主义或者司法克制主义都是不可取的，两者只是行使裁量权的程度或大小不同而已。[④]

第三，积极完善法官的法学知识与技能。亚伯拉罕（Abraham，1998）发现，法律评论和其他文章、社会科学的各类数据、法庭之友等对法官裁判产生越来越重要的影响，法官通过这些方式来感知时代的需求并将上述信息作为裁判参考

---

① Choi S. J. & Gulati G. M. ，*Bias in Judicial Citations：A Window into the Behavior of Judges?*，Journal of Legal Studies，Vol. 87，p. 37 – 129（2008）.

② 苏力：《是非与曲直——个案中的法理》，北京大学出版社 2019 年版，第 334 页。

③ ［美］劳伦斯・弗里德曼：《二十世纪美国法律史》，周大伟等译，北京大学出版社 2016 年版，第 337 ~ 339 页。

④ 宋远升：《司法能动主义与司法克制主义的边界与抉择》，载《东岳论丛》2017 年第 12 期。

和依据。[①] 孙笑侠(2001)认为,司法的发展要求法官具备专门的法律知识和技能,这种知识与技能可以被看成一门科学。[②] 魏建(2008)发现,法官在纠问式审判下获取证据的收集成本低、但证据可信度有限,法官在对抗式审判下获取证据的可信度较高、但成本重复支付,最终的制度取决于价值选择以及制度设计方法。[③] 侯猛(2015)发现,当法官无法准确预测有潜在市场影响案件的积极后果时,会策略性地规避损失、防止消极后果,并通过寻找合适的法条将个人权衡后的裁判结果正当化。[④] 李学尧、刘庄(2022)发现,法官会使用各种法律技术来正当化判决中的偏见,即策略性地解释法律概念,选择性地适用法律条文,从预先判定的判决结果反推因果关系和可预见性及其他事实判断;当得以选择法律解释和事实认定来对判决中偏见加以论证时,法官更倾向于解释法律,很多时候法律成了判决的矫饰而非判决的依据。[⑤]

---

① [美]亨利·J. 亚伯拉罕:《司法的过程》,北京大学出版社 2009 年版,第 275 ~ 282 页。

② 孙笑侠:《法律家的技能与伦理》,载《法学研究》2001 年第 4 期。

③ 魏建、周林彬:《法经济学》,中国人民大学出版社 2008 年版,第 221 页。

④ 侯猛:《不确定状态下的法官决策——从"3Q"案切入》,载《法学》2015 年第 12 期。

⑤ 李学尧、刘庄:《矫饰的技术:司法说理与判决中的偏见》,载《中国法律评论》2022 年第 2 期。

三、法官行为的激励性

法官行为的激励性是法官行为理论的实践关切，探究了究竟是哪些重要因素影响了法官行使国家审判权。法官行为的激励性因素主要包括特定政治制度和社会文件的外部激励、法院案件管理和团队管理的内部激励、个人理性和非理性因素的控制作用。这三个方面实际影响了法官的思维方式与过程，成为作为公共信息的法律以外决定案件结果的实质必要条件。

第一，特定政治环境和社会文化的外部激励。吉布森（Gibson，1980）提出，应当讨论司法机构是否是代表机构的问题，既然法官需要重视公众的意见并应对社会舆论，那么法官的自由裁量权可能最容易受当地社会和社区的影响。[①] 波斯纳（2005）提出，应当将法官行为理解为特定法律制度、司法执行标准对法官的激励和约束函数，该方法的重要意义是可以说明法官行为可因法官处于不同国家法律体系而不同，还可以说明法官解释和适用法律的观念不可能完全和大部分相同。[②] 张维（2007）认为，法官依照法律规则对具体的诉案作

---

① Gibson J. L.，*Environmental Constraints on the Behavior of Judges：A Representational Model of Judicial Decision Making*，Law & Society Review，Vol. 14：2，p. 343 – 370（1980）.

② Posner R. A.，*Judicial Behavior and Performance：An Economic Approach*，Florida State University Law Review，Vol. 32，p. 1259 – 1278（2005）.

出裁判，然而今天的法官已经不是孟德斯鸠所谓的“自动售货机”，输入法律即出来裁决结果的可能几乎不复存在；社会公众舆论也能作为某些案件判决中的考虑因素，法官的审判行为往往是在规则的约束下、民意的影响中来完成的。[①]

第二，法院案件管理和团队管理的内部激励。瓦尔德（Wald，1983）认为，在办案时间不足和司法资源有限的情况下，日趋复杂的司法官僚机构担心劳累的法官会将责任委派给法官助手而不是自己进行研究、发表意见、为每个案件投入足够的时间；好的法院管理是尽量维持法官的个性化，让法官能够更好地配置使用书记员、职员顾问、治安法官、实习生和其他资源，进而更好地开展审判工作，而不仅是法官自己承担尽可能多的工作。[②] 科恩豪瑟（Kornhauser，1995）提出，司法体系一个复杂、多样化的组织并且以高效运作为目标，最优的司法团队设置方案决定于资源约束的范围、案件流转的特点以及寻找法律的困难程度，法官个人行为也受到上述因素的制约。[③] 爱泼斯坦（2013）等借助劳动经济学的概念，把法官模拟化为司法劳动力市场的参与者，证明法官和其他劳动者

---

① 张维：《规则和民意：关涉司法公正的标准分析》，载《人民司法》2007 年第 11 期。

② Wald P. M.，*Bureaucracy and the Courts*，The Yale Law Journal，Vol. 92：8，p. 1478 – 1486（1983）.

③ Kornhauser L. A.，*Adjudication by a Resource-Constrained Team：Hierarchy and Precedent in a Judicial System*，Southern California Law Review，Vol. 68，p. 1605 – 1629（1995）.

一样会受到成本和收益的激励和约束。[①] 焦洪昌、潘堃(2021)认为,现代法院注重合理配置和优化司法资源,通过司法资源的公正配置、平衡司法成本、提高司法效率,不断满足人民群众多元化司法需求;当前存在的一类问题是,资源配置不均衡且法官能力水平参差不齐直接影响了司法结果的公正,如"案多人少"的矛盾和审判时限的要求使一些法官为在规定时限内完成办案任务而降低司法质量。[②]

第三,个人理性和非理性因素的控制作用。弗兰克(Frank,1930)认为,法律规则并不是美国法官判决的基础,因为司法判决是由情绪、直接的预感、偏见、脾气以及其他非理性因素决定的。[③] 兰德斯和波斯纳(Landes & Posner,1980)构建了美国联邦普通法官的效用函数,认为法官的总效用受到每天审判工作的时间、可以休闲的时间、金钱收入、声誉、投票所能决定的众望和威望、避免司法判决被撤销等因素的影响;同时,鉴于普通法系的法官是法律变更的重要推动者,从法官的行为动机可以理解法律规则的制定方式和变化规律。[④] 屈

---

① [美]李·爱泼斯坦、[美]威廉·M. 兰德斯等:《法官如何行为:理性选择的理论和经验研究》,黄韬译,法律出版社2017年版,第45页。

② 焦洪昌、潘堃:《论司法政策的规范内涵/适用范围和实际功效——以最高人民法院制定的司法政策为例》,载《北京行政学院学报》2021年第5期。

③ [美]E·博登海默:《法理学——法律哲学与法律方法》,邓正来译,中国政法大学出版社2017年版,第171页。

④ Landes W. M. & Posner R. A. ,*Legal Change*,*Judicial Behavior*,*and the Diversity Jurisdiction*,The Journal of Legal Studies,Vol. 9:2,p. 367 – 386(1980).

广清、姚莉(1994)认为,应当重视对法官行为的研究,以适应结合式诉讼模式的要求;法官的个体差异会直接影响审判模式的效用,制约法官行为的客观因素有立法规定、公众要求、机构作用,制约法官行为的主观因素有法官个人利益、爱好、秉性、经历、能力、地位、立场,这些主客观因素都会左右法官在审判模式中的具体行为。① 萨夏(Sachs,2009)自述其写过的每一个判决都透露着一个自相矛盾的谎言,判决中的形式逻辑其实都无可避免地掺杂了大量直觉判断以及感性元素;即便判决需要被反复推敲和验证,但理性并不是判决的全部,对判决投入的心力越多、这份判决就越虚伪。② 马里奥尼(Maroney,2012)认为,“将情感抛在一边”劝告对法官而言是无用的,法官在办理案件时能够真切感受到情感,任何逃离或者压制情绪的行为是不切实际的;司法活动应当构建一个法官情绪调节的模型,通过情感投入制度设计改善法官行为,进而提升审判质量。③ 陈幸欢(2018)认为,法官行为在同质法院之间、法院内部业务庭以及法官个人之间、与行政机关之间三重竞争格局下呈现求稳的心理样态,法官行为心理的复杂

---

① 屈广清、姚莉:《诉讼程序的公正要求与审判模式的改革》,载《法学评论》1994年第5期。

② [南非]奥比·萨克斯:《断臂上的花朵:人生与法律的奇幻炼金术》,陈毓奇、陈礼工译,广西师范大学出版社2014年版,第45~55页。

③ Maroney T. A., *Emotional Regulation and Judicial Behavior*, California Law Review, 2012, Vol. 99:6, p. 1485-1555(2012).

性可能导致法官行为逻辑的混乱,并造成中立裁判职能虚化和裁判者角色的异化。[①]

四、法官行为的创设性

法官行为的创设性是法官行为理论的前沿领域,描述了与法官行使国家审判权相关的创新规则、新兴现象。法官行为的创设性认知主要包括法官创设了经济社会运行的规范、人工智能(AI)法官的产生和应用。这两个方面都表现出法官行为突破法教义范畴的创新价值,说明法官对于现实和未来法治的创造性功能。

第一,法官创设了经济社会运行的规范。傅郁林(2000)认为,司法在创制具有普遍约束力的社会规范方面的功能在世界各国都越来越受到重视,法官通过裁判文书陈述法庭选择、解释和适用法律的决策过程,可以对法官任意行使司法权力进行程序控制,同时也有利于抵制对司法的无端干预;现实的情况是,粗线条的法律适用和千篇一律的裁判文书背后隐藏着五花八门的判决,同一辖区、同一法院、同一审判庭的不同法官之间可能就完全相同的法律关系作出截然不同的判决。[②] 王立君(2011)认为,“法条主义”并不是“实用主义”的

---

① 陈幸欢:《司法改革背景下法官竞争格局与求稳心理分析——以 A 市首例环境污染案件为例》,载《江西社会科学》2018 年第 3 期。

② 傅郁林:《民事裁判文书的功能和风格》,载《中国社会科学》2000 年第 4 期。

悖论，而是“实用主义”的选项之一，法官行为尽管在不同的社会发展阶段、不同的司法制度模式、不同的案件情形下运行的状态不尽相同，但很难说存在某种纯粹的概念裁判模式，如果说有某种纯粹的成分，那么就是所有的裁判行为都是功利性的，就是时下流程的“案结事了”。[①] 王淑荣(2012)认为，法官是正义的施行者和完成者，法官行为的实质是对当事人的行为在法律规定的具体条件和操作规则下进行合法性认定和合法性评价，法官需要平衡解决问题、发现真理的科学者行为与遵守法律游戏规则的裁判者行为；如果正当程序被歪曲或被阻止而不能顺利进行，那必须把“法技术的问题”作为“人的行为问题”进行探讨研究。[②]

第二，AI法官的产生和应用。王禄生(2019)认为，司法场景中的一切事务皆可被数据化并被纳入非预设的算法挖掘轨道中，大数据时代的司法人工智能已经可以“预测”法官未来的行为，一个潜在的结果是导致司法决策由“以法官为中心”转向“以数据为中心”，“司法智识”不再为法官所独享；实际上，从已经投入使用或者正在研发的相关应用来看，其理念已经体现了法官决策权由部分让渡到完全让渡，由非核心决

① 王立君：《能动与克制之间的功利追求——读波斯纳〈法官如何思考〉》，载《政法论坛》2011年第3期。

② 王淑荣：《论裁判的思想与法理》，载《理论学刊》2012年第2期。

策权的让渡到核心决策权的让渡的发展历程。[①] 马长山(2020)认为,人脑思维是一种问题求解的计算过程,法律或者司法上的各种理性形式就是各种生化算法,司法人工智能通过数据标注识别、案件要素抽取、知识图谱构建来进行算法建模,这个“机器人法官”作出的每一份判决都是一项数据庞大的实证研究和综合衡量,这克服了法官自由裁量中的先入之见、价值偏好以及心情、性格和精力等主观因素的影响。[②] 左卫民(2021)认为,AI 法官是将司法决策经验用统计学的方式抽象、建模后,对法官及其助手发现、确定的关键案件裁判因素进行算法打分,最后得出如何处理的建议,此时法官并未参与结论的形成过程;实际上,谁来输入案件信息、输入什么信息、如何进行信息的分析、如何做出与人类法官裁判一样甚至更好的判决,这些问题都还没有得到有说服力的回应,实践中出现的所谓预测性裁判或者建议性裁判似乎只展示了一个简单的结论,而非一个有论证过程的理性证明。[③] 冯洁(2021)认为,大数据技术的核心在于基于法官行为的历史数据,通过算法来预测未来的裁判方式可能带来以数据计算取代论证说理、以统一裁判取代正确裁判、以结果预测取代规则

① 王禄生:《司法大数据与人工智能技术应用的风险及伦理规制》,载《法商研究》2019 年第 2 期。

② 马长山:《司法人工智能的重塑效应及其限度》,载《法学研究》2020 年第 4 期。

③ 左卫民:《AI 法官的时代会到来吗——基于中外司法人工智能的对比与展望》,载《政法论坛》2021 年第 9 期。

实践等结果，问题的关键是在“算法社会”到来之际，如何让法官更像人那样思考，如何维护将法官的道德主体地位与自主性作为司法裁判的价值根基。[①]

五、法官行为的规范性

法官行为的规范性是法官行为理论的责任设定，讨论约束法官行为的理由以及如何约束法官行为。法官行为的规范性约束主要包括法官行为应当成为司法制度约束的主要对象、法官行为的责任限制与豁免。这两个方面相互联系、相互补充，尝试建立一种不枉不纵的法官责任体系，以此促进个案公正。

第一，法官行为应当成为司法制度约束的主要对象。伯特罗（Botero，2003）认为，问责制改革对于提升司法质量是最有效的，特别是司法数据库既使案件易于追踪且难以被操纵或丢失，又有助于防止草率的程序和腐败行为。[②] 杨海、胡亚球（2012）认为，诚实信用原则对法官裁判行为具有硬性的拘束力，在行为意义上要求法官在实施裁判行为时主观上不应具有误导或者欺骗的恶意，在实质意义上要求法官在实施裁判行为时须依据法律维持当事人双方利益和当事人利益与社

① 冯洁：《大数据时代的裁判思维》，载《现代法学》2021 年第 5 期。

② Botero J. C. , *Judicial Reform*, The World Bank Research Observer, Vol. 18:1, p. 61 – 88(2003).

会利益的平衡，不得借助于平衡的机会以实现自我的价值追求和利益。[①] 陈卫东、杜磊（2015）认为，规范司法行为是司法机关长期坚持的一项基本任务，其包括法律和职业伦理两个层面，其标准包括实体标准、程序标准、职业伦理标准。[②] 孙辙、张龑（2022）认为，法官行为公正是连接实体公正、程序公正与人民群众之间的过渡性环节，其内部实现路径包括法律信仰的自觉尊崇、职业素养的自觉修炼、职业形象的自觉维护等，其外部实现路径包括司法作风、法官行为规范、法官职业伦理教育、法官职业保障和司法责任追究等，司法权力运行的整个过程中法官行为的影响至关重要，法官行为公正是公正司法的“第三种样态”。[③]

第二，法官行为的责任限制与豁免。陈瑞华（2014、2016）认为，我们很难对法官有无“违背事实”作出准确的判断，但是假如法官在审判过程中存在违法行为则非常容易得出法官“违法裁判”的结论，有必要将存在违法行为本身视为法官存在故意或者过失的充分理由；[④]并进一步提出，“终身负责制”有悖于追责时效，“责任倒查制”容易造成追责扩大，

---

① 杨海、胡亚球：《裁判视野下诚实信用原则——立足于法官裁判行为的研究》，载《法律科学》2012 年第 2 期。

② 陈卫东、杜磊：《司法改革背景下规范司法行为的进路》，载《学习与探索》2015 年第 11 期。

③ 孙辙、张龑：《司法的实体公正、程序公正以及法官的行为公正》，载《法律适用》2022 年第 3 期。

④ 陈瑞华：《法官责任制度的三种模式》，载《法学研究》2015 年第 4 期。

法官应当依法享有司法豁免权;应当以司法伦理责任制取代办案责任制,由此才能为法官依法办案提供更加良好的司法环境和社会环境。[①] 兰荣杰(2011)认为,诉讼制度的设计者往往只见"规范"不见"人",没有意识到法官在司法程序中的主体作用,要么理想化地假设法官为"好人",要么功利化地将法官视为"小人",结果导致制度缺陷与人性缺陷相互支持,引发广泛的程序失灵;一个必要的改进方向,就是正视法官作为"社会人"和"经济人"的本质,通过合理的制度设计引导法官将自利行为与司法公正融为一体,将制度规范内化为法官的自主行为,从而最终实现制度与行动者的协调统一。[②] 赦发勤(2014)认为,对于法官行为的判断不能泛泛而谈,对于渎职违法裁判是应当被禁止的,而二审改判或者被二审发回重审的一审裁判行为不是属于被禁止的、只是不发生效力的行为,两者的评价指标设计是不同的。[③] 方乐(2020)认为,司法责任制改革倒逼法官行为的规范化,法官也会时刻关注自身利益,责任制度运行若出现混乱,可能导致部分法官处理案件质量与纠纷化解能力下降等现象。[④] 陆幸福(2021)认

① 陈瑞华:《法院改革的九大争议问题》,载《中国法律评论》2016 年第 3 期。

② 兰荣杰:《把法官当"人"看——兼论程序失灵现象及其补救》,载《法制与社会发展》2011 年第 5 期。

③ 佘发勤:《论法律判断理论之构建——司法改革评价的方法论基础》,载《甘肃政法学院学报》2014 年第 3 期。

④ 方乐:《法官责任制度的功能期待会落空吗》,载《法制与社会发展》2020 年第 3 期。

为,行为人对基于自由意志的行为负责是法律责任理论的基石,司法规律决定了法官享有一定的责任豁免,法官责任豁免的对象是法官行使司法自由裁量权的行为。[①]

通过梳理第一节的主要文献可以发现:

第一,对法官行为进行研究是洞悉司法规律、完善司法理论、推进司法改革的重要途径。(1)当有大量明确的法官造法实例、常态化的司法信息公开制度、法律职业间的顺畅流转、更为宽松的社会舆论氛围等客观环境时,法官行为的研究会有更加充实的政治、司法、职业、社会条件,法官行为研究的学术资源会更加丰富,法官行为研究的领域更宽、内容更精。(2)关于法官行为的研究可以粗略地归于两个视角:一个是宏观视角,着重从法律体系、法律解释、政治导向、社会规则、正当程序、程序效益等方面进行分析研究;另一个是微观视角,着重从理性裁判、审判技巧、思维模式、审判策略、个体需求、行为激励等方面进行分析研究。(3)关于法官行为的研究各有侧重,有的研究关注于审判过程的具体解构,主要描述法官基于理性进行法律适用的过程;有的研究关注于审判过程的外部环境,主要描述各种客观外部环境通过作用于法官思维、行为进而影响裁判结果的过程;有的研究关注审判结果的实际效果,主要描述制度环境下法官个人的决策与选择效

① 陆幸福:《我国法官责任豁免制度之改进——从错案责任到司法裁判行为》,载《浙江社会科学》2021 年第 1 期。

应;等等。(4)关于法官行为研究有学术上的交锋,学术思潮方面表现为法律现实主义运动、法律经济学发展对特定时代主流学术解说的批判,具体观点方面表现为法官裁判是基于法律还是基于自身,是基于理性还是基于非理性,是基于态度还是基于策略等。

第二,我国的法官行为理论研究正蓬勃发展,还存在一定的理论短板。跨学科交叉研究不充分,具有实证风格的研究成果屈指可数,部分成果的转化应用还不够迅速。查阅国外的理论文献可以发现,法官行为理论有着相对完整的体系结构和相对丰富的观察视角,主要研究法官的政治偏好、职业命令链条、合议庭以及同僚群体关系、心理应激反应、理性行为抉择、与任命人关系、个体心智情况、非常规案件处理等问题。检索国内的理论文献可以发现,研究范围相对较窄、研究方法相对单一,主要研究法官的不同角色定位、与管理者关系、心理直觉因素、对审判对象态度、个体差异和激励等问题。究其原因,与当前中国学界的思维方式、研究范式等直接相关。近年来,在国家政策的正确指导和国内学术界的共同努力下,跨学科交叉研究的平台建设更加充分,相关的研究成果也更加丰富。

第三,我国的法官行为研究较少围绕"法官行为—审判效率"维度开展基础理论、研究方法的探讨。(1)就"法官行为"与"审判效率"的关系维度而言,经济学和法学为相关研究提供了微观基础理论路径——经济理论和法学理论都关注于作为“人”的法官行为，都认为所有问题都离不开“个人”的目的、判断并作出选择、决定行为。在经济理论中，“个人”是所有经济分析的基本单位，①是经济思考的起点和终点；“行为”是见之于活动而变成一个动作的意志。② 在法学理论中，个案中的法官审判过程是一个将特定的案件事实（Sachverhalt = S，即小前提）置于法律规范的要件（Tatbestand = T，即大前提）之下，以获致一定结论（Schlussfolgerung = R，即结论）的思维和行为过程。③ 无论是基于司法亲历性规律要求，还是依据宪法、法律的明确规定，在整个诉讼过程中法官是认定案件事实和适用法律规范的“唯一权威主体”。（2）与法律经济学于过去 50 年一直在西方法律学术中占据着主流核心位置截然不同，虽然近年来我国经济学家与法学家之间的交流越来越多、法与经济的关系在理论上和实践上也都越来越受到重视，但是在整体上中国学界既不存在类似波斯纳运用经济学批判传统法学理论、重新解释法律现象的基础，也不存在类似科斯和卡拉布雷西（Coase & Calabresi）推动法和经济学双向互动的现实理论环境基础。④ 时至今日，我国学界主要恪守各

---

① 张五常：《经济解释》（二〇一四增订本），中信出版社 2015 年版，第 84 页。

② ［奥］路德维希·冯·米塞斯：《人的行为》，夏道平译，吴惠林校订，上海社会科学院出版社 2015 年版，第 13 页。

③ 王泽鉴：《民法思维——请求权基础理论体系》，北京大学出版社 2013 年版，第 157 页。

④ ［美］圭多·卡拉布雷西：《法和经济学的未来》，郑戈译，中国政法大学出版社 2019 年版，第 22 页。

自“所谓的方法和领域”,对同一种经验素材在不同研究领域提出的问题表述、价值判断、基础结论有时大相径庭。这种偏向“领域”的思维方式、话语范式,不但易造成我国学界各领域之间、学界与实务部门之间交流相对不足,而且可能造成对实践层面的某些问题研究不透的结果。

第二节　信息资源对法官行为理论的影响

除了认为所有问题都离不开“个人”的目的、判断和选择,经济理论和法学理论还都认为信息在经济社会活动中具有巨大的价值,信息是维系司法公正和效率的关键因素。从中外文献中可以发现,人们对信息资源价值的认知经历了一个从市场活动领域到非市场活动领域、从广泛公共领域到具体司法领域的逐步深化过程。信息资源对审判活动中人的行为、权力运行机制以及由此引发的各种制度安排均有着深刻的影响。然而,法学界对信息资源的实际意义、运行情况等问题还研究得不够系统、深入。

一、市场活动领域的信息资源

在市场活动领域,斯蒂格勒(Stigler,1968)最早提出信息是一种很有价值的资源，人们可以通过付出足够多的费用使信息无知对人的负面影响维持在一定限度内，但是彻底消除信息无知影响的想法和做法是完全不值当的。[①] 在抛弃新古典传统的完全信息假设并接受不完全信息的基础上，阿克洛夫（Akerlof，1970）经由不对称信息开创了逆向选择理论，即通过研究旧车市场上卖主知道旧车的真实质量，买主不知道特定旧车的质量，买主只愿意根据旧车的平均质量支付价格并由此导致不断有质量高于平均水平的旧车以及其所有人退出市场交易，直到所有的旧车全部退出市场以及市场交易量为零的现象。[②] 作为确立信息经济学地位的支柱性理论，逆向选择被林毅夫、潘士远（2006）概括定义为，鉴于信息不对称，消费者只能以平均质量作为给产品定价的标准，此时提供高质量商品的卖家将会退出市场、低质量产品驱逐高质量产品，市场交易和社会福利因此而萎缩。[③] 萨缪尔森和诺德豪斯（Samuelson & Nordhaus，2010）认为，双方对重要信息了解的差异会导致逆向选择；在市场中，信息的生产成本很高、再生产的成本很低，新信息技术的沉没成本较大、边际成本几乎为

---

① ［美］乔治·J. 施蒂格勒：《信息经济学》，载［美］库尔特·勒布、［美］托马斯·盖尔·穆勒编：《施蒂格勒论文精粹》，吴珠华译，商务印书馆 2010 年版，第 63 页，

② Akerlof G. A.，*The Market for "Lemons"：Quality Uncertainty and the Market Mechanism*，Quarterly Journal of Economics，Vol. 84，p. 488 – 500（1970）.

③ 林毅夫、潘士远：《信息不对称，逆向选择和经济发展》，载《世界经济》2006 年第 1 期。

零,并且随着互联网等电子信息系统成本的不断下降,多数信息在技术上可以零成本被提供给每一个地方和每一个人。[①] 卡内曼、斯洛维奇和特沃斯基(Kahneman, Slovic & Tversky, 2013)提出,对于不准确的信息,人类是一个保守的处理者——主要原因在于人类整合资料的能力不足,即人们能够准确地感知每一条资料,充分意识到每一条资料的判断意义,但是人们却不能把每一条资料的判断意义和其他资料的判断意义有效地结合起来。[②] 蒂罗尔(Tirole,2015)认为,消费者信息、重复购买、担保、垄断者发出信号等方法可以缓解包括逆向选择在内的信息问题,同时以信息结构和政策工具为基础的研究可以拓展出更加详尽的福利分析。[③] 阿纳戈尔(Anagol,2017)认为,农产品的加工制造过程会经历从可观察的初产期到不易观察的加工期,不同时期可观察性的变化产生了逆向选择问题。[④] 博登海默(Benhabib)、董峰和王鹏飞(2018)认为,将信贷市场中的一个逆向选择模型引入商业周期模型中,可以发现逆向选择会产生多个稳定状态,并在行为

---

① [美]保罗·萨缪尔森、[美]威廉·诺德豪斯:《经济学》(第19版),萧琛等译,商务印书馆2014年版,第358~374页。

② [美]丹尼尔·卡尼曼、[美]保罗·斯洛维奇等:《不确定性状况下的判断:启发式和偏差》,方文、吴新利等译,方文校,中国人民大学出版社2013年版,第398页。

③ [法]让·梯若尔:《产业组织理论》,张维迎总译校,中国人民大学出版社2015年版,第146~172页。

④ Anagol S. ,*Adverse Selection in Asset Markets: Theory and Evidence from the Indian Market for Cows*, Journal of Development Economics, Vol. 129, p. 58 - 72(2017).

发生地甚至全球范围内产生不确定性。[①] 张笑、胡金焱(2019)认为,高收入者在网络借贷合同中的违约概率比普通收入者更高,因为这些违约者在网络借贷中隐瞒了真实的征信信息,因此需要在网络借贷市场中进一步完善信用体系建设。[②] 张原野、白彩全(2019)认为,机构投资者的信息交易使价格有效反映资产潜在收益,这一过程刺激了个人投资者的逆向选择行为,因此需要关注投资者结构的变化以及其对市场效率的影响。[③]

二、非市场活动领域的信息资源

随着经济理论被运用于研究人类行为等与市场没有直接联系的领域,关于信息的研究与应用也从产业组织互动、政府规制企业、公共资源配置等领域逐步扩展至司法领域。博登海默(1940)提出,进入 20 世纪,法官的职责被认为应当是在现行的社会框架之中凭借向其提供的资料进行工作,并且在工作中必须考虑律师及其当事人的合理预期。[④] 贝克尔

---

① Benhabib. J., Dong, F. & Wang, P., *Adverse Selection and Self-fulfilling Business Cycles*, Journal of Monetary Economics, Vol. 94, p. 114 - 130(2018).

② 张笑、胡金焱:《高收入者参与 P2P 网络借贷的动机,基于信息不对称的视角》,载《改革》2019 年第 7 期。

③ 张原野、白彩全:《机构交易规模与市场信息环境——基于信息不对称视角的理论与实证研究》,载《预测》2019 年第 38 期。

④ [美]E·博登海默:《法理学——法律哲学与法律方法》,邓正来译,中国政法大学出版社 2017 年版,第 585 页。

(1976)提出,所有人类行为均可以被视为在某种错综复杂关系中通过积累适量信息和投入其他要素追求效用最大化的行为,强调信息残缺或存在交易费用情况下的行为不应混同于非理性或随意行为。[①] 波斯纳(1983、1999)从信息的进路切入讨论了隐私和种族歧视问题,提出信息是社会知识和财富积累、增加的重要条件,人们可以充分利用信息形成对自己、对外界有影响的决策;尤其是在信息不完备、不对称等不确定状态下,人们会借助各种外在特征信息帮助进行判断,而搜寻这些信息的成本费用是不可避免的,这也构成了制度建构的基础;[②]庭审中的举证质证程序实质上是当事人向法庭提供何种信息以及如何提供信息的一套规则。[③] 达玛斯卡(Damaška,1986)发现,早在公元12世纪,法官就被要求应当分清作为个人所知道的事情以及在履行公务过程中所了解到的信息,决策只能基于官方途径取得的信息。[④] 绍尔和怀斯(Schauer & Wise,1997)通过实证研究发现,近几十年来,非法律信息资源借助互联网在全球司法领域的普及率越来越高,

---

① [美]加里·S. 贝克尔:《人类行为的经济分析》,王业宇、陈琪译,格致出版社、上海三联书店、上海人民出版社2015年版,第12页。

② [美]理查德·A. 波斯纳:《正义/司法的经济学》,苏力译,中国政法大学出版社2002年版,第8页。

③ [美]理查德·A. 波斯纳:《证据法的经济分析》,徐昕、徐昀译,中国法制出版社2004年版,第10~20页。

④ [美]米尔伊安·R. 达玛什卡:《司法和国家权力的多种面孔》,郑戈译,中国政法大学出版社2015年版,第39页。

甚至被视为法官审判的独立司法变量；虽然目前看来信息变化不足以改变数百年形成的独立法律领域，但是信息整合的力量变得日益强大，法律的性质依赖信息资源，信息性质的变化会带来法律性质的变化。[①] 雅各比和蒂勒（Jacobi & Tiller, 2007）研究了法院科层中上级法官对下级法官承办具体案件结果进行控制的过程，发现上级法官通过要求下级法官公开更多关于案件事实和法律适用的信息，而不是自己创造更具有决定性明确学说的方式推进这一控制过程。[②] 张文显（2007）指出，法律资源是一切可以由法律界定和配置并具有法律意义和社会意义的价值物、稀缺品，如权利、权力、义务、责任、法律信息、法律程序等，这些法律资源可以给人们带来实际利益、降低交易费用。[③] 魏建（2007）分析了原被告之间存在的信息不对称情况，认为双方分别掌握着一些对方不了解的信息，对案件结果有着不同的预期，并在行为经济学模型基础上提出原告更愿意通过和解保障确定性收益，被告更愿意通过不确定的判决降低损失风险。[④] 史密斯（2009）从信息成本角度进行研究发现，市场交易者掌握一定数量的信息是

---

① Schauer F. & Wise V. J, *Legal Positivism as Legal Information*, Cornell Law Review, Vol. 82, p. 1080 - 1110(1997).

② Jacobi T & Tiller E. H., *Legal Doctrine and Political Control*, The Journal of Law, Economics, and Organization, Vol. 23:2, p. 326 - 345(2007).

③ 张文显：《法理学》（第3版），法律出版社2007年版，第355～359页。

④ 魏建：《法经济学：分析基础与分析范式》，人民出版社2007年版，第156～159页。

其掌握物权习惯的前提,法官任意承认物权习惯或者加快承认物权的行为将会导致市场交易者需要承担更多的信息成本,因此法官在审判活动中需要谨慎行事。[①] 查哈迪和萨尔勒胡(Chahyadi & Sallehu,2012)通过研究美国最高法院的个案判决发现,法院的裁判会增加市场上交易信息的不对称性和不确定性,拉大证券市场上的买卖差价,进而增加企业遭受虚假财务诉讼的风险。[②] 张维迎(2015)认为,法律和社会规范存在激励合作、协调预期、传递信息三个功能;尤其就第三种功能而言,信息在各个主体之间的分布是不对称的,不同主体的行为承担着不同的成本,不同的成本传递了不同的信息价值,因此信号传递的能力和过程起到了筛选主体的作用。[③] 桑斯坦(Sunstein,2017)提出,在公共领域中,信息灵通选择者的方法能够较为容易地维护效率和公平,因为这种方法能够融合表达出公正、效率、效用、尊严等价值,实现价值最大化;但是,在信息不对称或者当信息优势方能够帮助信息劣势方建立偏好时,公共机构可能选择糟糕的默认规则或者滥用默认规则,进而对信息劣势方造成损害并产生沉重的负

① Smith H. E., *Community and Custom in Property*, Theoretical Inquiries in Law, Vol. 10:1, p. 6 - 41(2008).

② Chahyadi C., *Sallehu M. Off the Hook: Does the Supreme Court's Scheme Liability Ruling Benefit Firms in Litigation-Prone Industries?*, Journal of Accounting & Finance, Vol. 12, p. 2158 - 3625(2012).

③ 张维迎:《博弈与社会》,北京大学出版社 2015 年版,第 344 ~ 345 页。

担和成本。[①] 阿巴德、卢卡斯－佩雷斯和明格斯－维拉（Abad，Lucas-Pérez & Minguez-Vera，2017）认为，董事会中的性别多样性与股票市场中的信息不对称水平负相关，恰当的男女比例董事会对股票市场产生有利影响，这支持了一些国家为提高女性董事比例而修改公司法律的做法。[②] 郑戈（2020）认为，信息数字技术使司法公正得以量化，科技正在深刻地改变司法程序和审判权的运行机制，包括法官在内的法律人如果不从一开始参与保障司法公正的基础算法设计，未来的司法将难以被法律所控制。[③]

从现有文献来看，我国的理论研究关注到了信息资源对于司法活动的重要价值属性、信息不对称对原被告行为选择的决定性意义、法律信息构成了经济社会运行的制度成本、在数字经济时代信息对诉讼活动的影响等内容。但是，囿于对司法活动特别是司法权力的运行缺乏深入了解，关于信息资源与审判活动关系的研究尚欠深入，主要还是局限于诉讼活动的现象型描述，并未涉及审判权力运行和权力激励约束机制等法官审判活动的核心领域，与之相关的实证研究也相对匮乏。

---

① ［美］卡斯·桑斯坦：《选择的价值：如何做出更自由的决策》，贺京同译，中信出版集团2017年版，第71～86页。

② Abad D. et al.，*Does Gender Diversity on Corporate Boards Reduce Information Asymmetry in Equity Markets?*，BRQ Business Research Quarterly，Vol. 20，p. 192－205（2017）.

③ 郑戈：《司法科技的协调与整合》，载《法律适用》2020年第1期。

三、逆向选择理论在法律领域的应用

作为信息经济学最重要支柱的逆向选择理论在法律领域尤其是司法领域也得到了进一步的发展。维宁(Vining,1982)提出,关于有效法律服务的讨论必须关注信息成本问题,法律服务市场中存在的逆向选择问题降低了法律服务的质量,并且只有具有动机和有机会获得信息的代理者才能缓解逆向选择问题。[①] 库特和尤伦(Cooter & Ulen,2000)提出,正是由于信息不对称——一方当事人拥有另一方当事人不清楚的私人信息,当事人在诉讼过程中对法律的预期价值会产生差异,不同的信息处理方式将会导致不同的诉讼结果。[②] 波斯纳(2000)初步提出,信息经济学中的委托与代理理论可以用来分析法官的代理行为,认为法官应当执行法律而不是实施个人或者意识形态偏好,避免损害公正和效率。[③] 加文(Garven,2005)指出,侵权法上的严格责任在保险纠纷案件中的运用增加了企业的责任,保险企业只能通过“合并溢价”的逆向选择方式向消费者收取费用;严格责任改变了不同人

---

① Vining A. R., *Information Costs and Legal Services*, Law & Policy, Vol. 4:4, p. 475 - 500(1982).

② Cooter R. & Ulen T., *Law and Economics*, *Third Edition*, Adison Wesley Longman, Inc., 2000, p. 392.

③ Posner E. A., *Agency Models in Law and Economics*, Ssrn Electronic Journal, Vol. 92, p. 1 - 12(2000).

群间的财富分配方式和风险承担方式，并排除了商业上部分保险业务的可能，最终减少了消费者的福利。① 帕里西和冯（Parisi & Fon，2008）指出，逆向选择理论在诉讼领域里的发展推动了法律补救方法的完善，同时建立或者改变了民事案件中的先例。② 德尼斯和卢克（Dnes & Lueck，2009）通过研究奴役的法律学说发现，法律应当降低基于信息的成本，信息不对称和逆向选择会激励法院创造法律原则的动机，即潜在的逆向选择会塑造法律原则。③ 陈旭（2010）通过对我国一审民事案件中简转普程序运行的实证考察，揭示了法官为了规避审限的束缚而对案件进行"技术性处理"的心理归因、现实危害和规制措施。④ 凌斌（2013）认为，我国法民关系的信息不对称造成了司法实践的逆向选择，具体表现为法官与当事人之间的"防卫型司法"，这是司法公信力下降的原因之一。⑤ 蒋银华和肖芃（2014）认为，法官候选人的事前信息不对称导致了法官入职遴选门槛低，其补救措施是诉讼过程中严苛的

---

① Garven J. R., *Moral Hazard, Adverse Selection, and Tort Liability*, Journal of Insurance Issues, Vol. 28:1, p. 1 – 13(2005).

② Parisi F. & Fon V., *The Economics of Lawmaking*, Oxford University Press, 2009, p. 1 – 20.

③ Dnes A. & Lueck D., *Asymmetric Information and the Law of Servitudes Governing Land*, Journal of Legal Studies, Vol. 38:1, p. 89 – 120(2009).

④ 陈旭：《民事案件简转普中法官"逆向选择"的现象解析与规制疏导》，载《法律适用》2010 年第 5 期。

⑤ 凌斌：《"法民关系"影响下的法律思维及其完善》，载《法商研究》2015 年第 5 期。

事后管监管机制。[①] 王浩云(2014)认为,司法职业的逆向选择效应可以表现为优秀法官辞职做律师的现象,这种逆向选择效应源于法官职业发展受限、经济待遇差、外部认同不足、工作压力大。[②] 林越坚和刘青青(2015)通过研究民事再审监督机制发现,监督权的信息不对称导致了再审程序中的逆向选择,并最终致使民事再审程序失效的现实。[③] 秦鹏和陈幸欢(2015)认为,在环境公益诉讼中法院承担了多重复杂的角色和职能,环境纠纷高发而诉讼低发正是逆向选择效应的表现。[④] 谢予昭、顾昕(2018)认为,政府主导建立的社会医疗保险体系不可能消除保险业固有的逆向选择现象,具体表现为中老年群体均存在逆向选择行为,失业无业和高收入人员尤甚。[⑤] 王明喜、李明(2019)认为,碳排放权的误配导致了企业的逆向选择,具体可以表现为碳交易市场的"聚类效应",建

---

① 蒋银华、肖芃:《审判权视角下的法官选任和管理模式研究》,载《江西社会科学》2014 年第 4 期。

② 王浩云:《从法官到律师:中国司法职业逆向选择现象透视》,载《湖南社会科学》2014 年第 3 期。

③ 林越坚、刘青青:《博弈论视角下民事再审监督机制的程序优化》,载《法学》2015 年第 3 期。

④ 秦鹏、陈幸欢:《环境公益诉讼中的法院角色,逆向选择与社会结构——以泰州 1.6 亿赔偿案为样本的法社会学分析》,载《西南民族大学学报(人文社会科学版)》2015 年第 5 期。

⑤ 谢予昭、顾昕:《中老年人群在社会医疗保险中的逆向选择行为及其影响因素》,载《保险研究》2018 年第 7 期。

议从机制设计上克服负面效应。[①]

其中,最值得关注的是:关于我国审判活动中是否存在逆向选择效应,我国学术界自21世纪初产生过较大争论并形成了两种主要观点。一种观点以张维迎、柯荣住的《诉讼过程中的逆向选择及其解释——以契约纠纷的基层法院判决书为例的经验研究》(2002年)一文为代表。该文对基层法院的若干合同纠纷案件判决书进行了初步的研究,发现"当事人故意违约并引发诉讼的主要原因是策略性选择,而一般不是因为契约的模糊性",并指出"在缺乏良好信誉约束和完善司法体系的情况下存在诉讼过程中的逆向选择效应"。[②] 另一种观点以贺欣的《中国民事诉讼的确存在逆向选择效应吗——评张维迎、柯荣住的〈诉讼过程中的逆向选择及其解释——以契约纠纷的基层法院判决书为例的经验研究〉》(2005年)一文为代表。该文认为张维迎和柯荣住的撰文存在"没有清晰论证在我国司法诉讼过程中存在逆向选择效应""对法学知识的忽略深刻影响了文章的分析和论证"等问题,进而提出我国民事诉讼中存在所谓的逆向选择效应的观点值得商榷、

① 王明喜、李明等:《碳排放权的非对称拍卖模型及其配置效率》,载《管理科学学报》2019年第7期。

② 张维迎、柯荣住:《诉讼过程中的逆向选择及其解释——以契约纠纷的基层法院判决书为例的经验研究》,载《中国社会科学》2002年第2期。

有待进一步研究。[①] 临近张维迎、柯荣住的撰文发表十年之际，张维迎、艾佳慧又发表了《上诉程序的信息机制——兼论上诉功能的实现》(2011 年)一文。该文认为“在缺乏一些足以甄别当事人信息以及传递法官始终如一依法判决信号的有效制度”，上诉过程就可能存在逆向选择效应，进而导致诉讼原则的落空和司法资源的浪费。[②] 双方的争论最终以“可能存在”逆向选择效应而告一段落。

第三节 信息资源为“法官行为—审判效率”模型研究提供了可能性

通过梳理第二节的主要文献，可以发现：信息资源的作用实际上全面嵌入了诉讼活动的全过程。如图 2－1 所示，虚线内的主题是当前我国司法理论主要进行研究的领域，例如，通过法律设计权利(力)方案形成全社会对审判法律效果、政治效果、社会效果的预期，通过对法官收集案件相关信息并作出

① 贺欣：《中国民事诉讼的确存在逆向选择效应吗——评张维迎，柯荣住的〈诉讼过程中的逆向选择及其解释——以契约纠纷的基层法院判决书为例的经验研究〉》，载《法学》2005 年第 7 期。

② 张维迎、艾佳慧：《上诉程序的信息机制——兼论上诉功能的实现》，载《中国法学》2011 年第 3 期。

裁判进行司法责任的约束,通过优化裁判方法、人工智能应用等方式压缩办案周期。然而,随着信息变量的加入,虚线内的模型会出现新的情况,甚至会出现与原理论模式截然不同的结果,例如,信息不对称让诉讼参与人对法律设计权利(力)方案形成不同预期、激励不同主体形成不同的价值评断标准和应对行为选择,法官对于信息的强化与垄断一方面有利于其作出更加周延的裁判结论,另一方面也存在裁判结论神秘化和脱离实质监管的隐患,新的裁判方式与方法的运用不当则很可能导致案件处理过于形式化、存在当事人在一定时间内接受度不高等问题。可见,与实线相关的命题尚未得到充分重视,这也是本书要重点研究的内容。

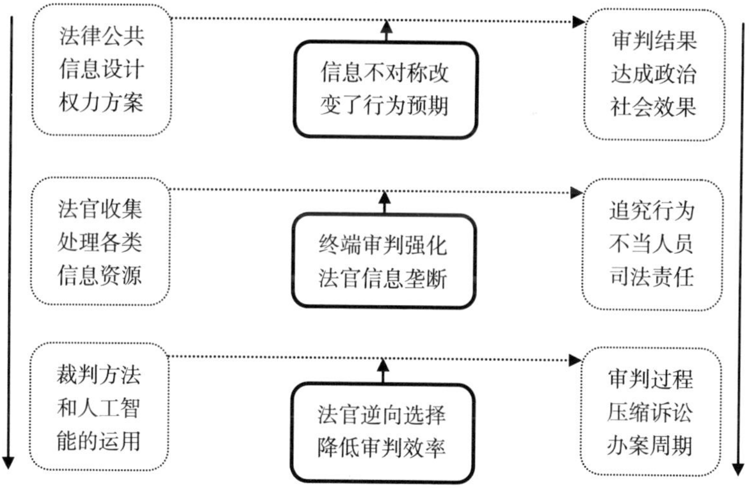

图2－1　信息资源嵌入诉讼活动的部分方式

同时,可以发现:(1)从已有文献来看,理论研究已经介入法律和非法律信息的功能、司法类案中不同的信息成本、上级法官对下级法官的指导和控制、信息成本对当事人的影响、个案结论对市场信息的作用、司法活动中信息优势方造成的损害、逆向选择造成的判断偏见和法律重塑、缓解逆向选择的主体条件和补救方法等多个领域,甚至有的研究成果比传统法学理论有着更清晰、更充分、更新颖的解释力。其中,就国内研究的主题而言,有的涉及诉讼审限、上诉程序等法律程序内容,有的涉及合同违约、环境违法等法律实体内容,有的涉及法官职业、法民关系等司法制度内容,与信息相关的司法研究范围正在逐步扩大。(2)与信息相关的法学理论论述尚未进入我国主流法律教材,实证研究的论证过程相对简单并且个别研究结论与审判实际不符,部分对策建议还不能充分满足司法改革和审判实际的需要。以司法实践中对逆向选择现象的研究为例,有的研究没有对法官逆向选择行为本身的存在前提、存在与否进行必要说明证明,仅仅对法官逆向选择效应进行概念上的借用或者结论上的延伸运用,缺乏必要的理论论证基础,"嫁接"痕迹明显,结论让人难以完全信服;有的研究注意到了当事人的逆向选择行为,但没有对审判中的最关键的角色——法官及其行为进行分析,一定程度上降低了理论界和实务界的关注度;有的研究将法官逆向选择行为放在个别程序环节进行阐释,没有从法官行为与审判权运行机制、司法公正与司法信息等更高层面考察问题,降低了研究的理论价值;有的研究缺乏问题导向,没有针对当前现实问题开展实证研究,相应的现实影响力较弱。(3)如果将法官裁判过程中的信息资源作为相对独立的变量进行研究分析,可以有效发掘审判活动中信息资源的法律价值、提升整合和分析审判活动中各类信息的能力,进而有效降低诉讼程序的运行成本、提升审判活动的实质效率。鉴于此,有必要以司法实践为基础对法官的信息选择活动予以验证考察。

第三章　法官的信息选择活动是度量审判效率的实践基础

审判效率的度量须锚定“法官行为”，并且基于信息资源对法官行为进行考察具有现实的实践基础。接下来，将对法官的个案审判过程进行解构，详细说明法官如何通过选择和运用信息资源参与诉讼活动。

第一节　法官行为的本质：利用信息资源生成替代性权利配置模式

一、法官如何寻找作为小前提(S)的信息

样本一：首都机场“7·20”爆炸案。该案中，检察机关以涉嫌爆炸罪对冀某星依法提起公诉。庭审时，公诉人讯问冀某星如何认识自己的行为，冀某星表示并不是故意引爆自制

爆炸装置,而是过失行为,并表示后悔,认为应当通过正常的途径解决事情。法院最终以爆炸罪判处冀某星有期徒刑6年。[①]

法官在一审中认定,被告人冀某星在公共场所实施爆炸,行为危及公共安全,构成爆炸罪,对冀某星判处有期徒刑6年。法官在二审中维持原判。通过对首都机场"7·20"爆炸案判决书的分析可以发现,法官在认定法律事实的过程中始终遵循十分严格的法律适用方法,没有基于同情或该案相关背景因素而对冀某星网开一面,即法官在面对危及公共安全犯罪行为的时候,在审判过程中理性地有力排除了犯罪式维权的事实信息,控制了"维权"类信息对认定犯罪事实、确定具体罪名以及确定相应刑罚可能造成的影响。也正是由于法官对案件事实小前提(S)信息的决定与取舍,才形成了判决书对冀某星主体、主观方面的基本判断,进而影响了首都机场"7·20"爆炸案的最终审判结果。

二、法官如何寻找作为大前提(T)的信息

样本二:"秦火火"诽谤、寻衅滋事案中,秦某晖(网名"秦火火")于2012年至2013年,为了提高网络知名度,使用"淮上秦火火"等新浪微博账户捏造损害多人名誉并在信息网络

① 《7·20首都机场爆炸案》,载百度百科2023年3月1日,https://baike.baidu.com/item。

上恶意散布,引发大量网民转发和负面评论。鉴于秦某晖归案后能如实供述所犯罪行,认罪悔罪态度较好,法院对其所犯诽谤罪、寻衅滋事罪均依法予以从轻处罚,判决其犯诽谤罪、判处有期徒刑 2 年,犯寻衅滋事罪、判处有期徒刑 1 年 6 个月,决定执行有期徒刑 3 年。[①]

法官认定,秦某晖捏造损害他人名誉的事实在信息网络上散布,造成了恶劣社会影响,严重危害社会秩序;编造虚假信息在信息网络上散布,起哄闹事,造成公共秩序严重混乱,构成诽谤罪、寻衅滋事罪,对秦某晖判处有期徒刑 3 年。需要说明的是"秦火火"诽谤、寻衅滋事案在庭审过程中的一个细节,即法官在秦某晖进行最后陈述之前当庭作了一次简短的即兴说明:"我们正处于网络信息时代,在享受网络带给我们高效便捷的同时,要坚守法律的底线;在表达意见和行使言论自由的同时,不得侵害他人的合法权益,也不得扰乱社会秩序,危害国家利益。希望借助本次庭审,通过媒体宣传和微博直播,能够最大限度传递网络正能量。"[②]法官在特定场合中的即兴说明可以让社会公众清楚地捕捉到法官的审判思路和行为特征,即法官在寻找作为大前提(S)的信息时在法律之外注入了更多国家政策导向和社会道德价值的信息,并释放

---

① 《"秦火火"诽谤、寻衅滋事案》:载百度百科 2023 年 3 月 1 日,https://baike.baidu.com/item。

② 2014 年 4 月 11 日 14 时 10 分北京市朝阳区人民法院官方微博消息:载北京市朝阳区人民法院官方微博 2023 年 1 月 25 日。

出法官试图通过该次审判形成、扩大示范效应并引导社会公众行为的强烈信号。秦某晖进行最后陈述之前——这一即兴说明的特定时间节点和具体环节，让人产生了一种审判结论是法官“先入为主”判断的结果或者庭审程序是否有必要规定最后陈述的质疑。其实，这种不一定是不公正的“先入为主”或者将政策导向和社会道德纳入“当庭教育”的行为评价指引方式，充分地反映出法官在审判活动中具有法律技术层面、贯彻政策导向、依法治理网络等多方面的思考，有些价值指引甚至超越了法律内涵本身。法官在寻找大前提(T)中对相关信息的取舍，一定程度上影响了判决书对秦某晖行为侵害法益、危害范围和程度的判断，进而影响了“秦火火”诽谤、寻衅滋事案的定罪与量刑。其实，对于深受中华传统司法文化熏陶的法官而言，其所接受的标准化法律知识、思维方式、技术培训均受到国家政策导向、传统文化价值、社会评断导向的强烈影响，因此在审判过程中更容易融入国家和社会角色。

三、法官如何运用既定结论信息(R)进行反向信息修正

样本三：下面围绕违约金规则调整列举两则案件进行对比分析，一则案例是甲公司与乙公司签订书面购销空调合同并约定，由甲公司向乙公司供应家用空调设备并提供安装调试、运行维护等服务，但是在甲公司交付空调设备后，乙公司未按照约定支付购买空调设备的全部款项。于是甲公司提起

诉讼,称乙公司未按照约定支付剩余货款,要求乙公司支付剩余货款,并按照书面购销合同中约定的违约条款以日 5% 的标准支付违约金。该案的判决书作出的判决结果是,乙公司构成了违约,但是违约金的数额显然已经超过了合同交易金额,对超过本金数额的违约金部分,不予支持。另一则案例是甲公司与乙公司签订书面合同并约定,乙公司委托甲公司进行某个项目的独家推广招商工作,但是乙公司于双方协议签订后的当月将该项目的招商推广工作又委托给了其他公司。于是甲公司提起诉讼,称乙公司未按照合同约定由甲公司独家代理项目推广招商工作,要求乙公司按照书面合同中约定的违约条款支付违约金 1000 万元。该案判决书作出的判决结果是,乙公司构成了违约,虽然乙公司认为违约金数额过高,但因其未提出减少违约金数额的申请,故判决乙公司向甲公司支付违约金 1000 万元。[①]

为了更清晰地说明问题,可以通过调查实验的方法,就上述两则案例对三组共 60 名法官进行观点测试:(1)第一组 20 名法官只能拿到第一则案例,不能拿到第二则案例。第一组法官观点的调查实验结果是,20 名法官均认可判决结果,并认为放任合同交易双方就违约金条款进行随意约定或者不考

① 有法官专门对民商事案件中违约金调整情况进行了对比研究分析。参见彭春、孙国荣:《大民事格局下商事审判理念的反思与实践——以基层法院为调查对象》,载《法律适用》2012 年第 12 期。

虑违约金实际数额,其结果会使违约金制度异化为一方压榨另一方的工具,尤其是会助长大公司滥用自身优势进而强迫小公司签订不公平合同条款的恶意行为。从衡平交易双方利益的角度出发,违约金数额以不超过合同交易金额为宜,如果双方约定的违约金数额过高或者实际计算出的违约金数额过高,法官应对高于合同交易金额的违约金数额进行调减。(2)第二组20名法官只能拿到第二则案例、不能拿到第一则案例。第二组法官观点的调查实验结果是,20名法官均认可判决结果,并认为该案件中违约金数额的确存在过高的情形,即便法官认为判定支付如此巨大数额的违约金可能带来外界的非议,但只要违约方未明确提出合法合理理由并申请法院调减违约金数额,法官就应当尽量维护市场交易双方的交易合意和营利预期,而不应主动调减违约金数额。(3)第三组20名法官能够同时拿到第一则案例和第二则案例。第三组法官观点的调查实验结果是,法官针对两种审判结果的观点出现了分化,其中9名法官认为针对明显不合理的违约金条款和支付数额应当依法主动进行调整,11名法官认为只有在违约方提出了违约金抗辩的基础上才能对违约金数额进行调整。法官选择分化的理由分别与第一组或者第二组法官的基本观点相一致,也就是说法官对于案件事实和法律观点没有大的变化,但是对案件结果的不同选择表现出了各异的倾向性。从60名法官对违约金调整规则的不同理解可以发现:法官在审判活动中,有时会以预期设定的判决结论信息为轴点,对案件的大前提和小前提信息进行修改，修剪出符合立法和司法要求的法律逻辑结构和法律适用信息。与传统的三段论逻辑结构、通常理解的顺向推论方式不同，司法实践的实然状态是，在部分案件中法官的最初价值判断和案件预判结论会成为法官的选择锚位，围绕这一基本稳定调整的锚位，运用反向逻辑方法对案件事实信息和法律适用信息进行修改。这一司法实践的实然状态，具体表现为法官在主持诉讼程序的过程中，通过了解诉讼请求信息、抗辩意见和双方证据信息，先行锚定了一个结论性的事实和价值判断，[①]随后反复评估和验证预设结论作出后可能对该案及相关类案造成的影响，进而对裁判文书中的表述进行严谨整理、对事实查证信息进行“再认定”、对法律援用信息进行“再论述”，直至所有信息在三段论逻辑框内可以自洽和周延。可见，法官对涉案法律事实和价值判断的锚定以及以此为基准对逻辑结构中大前提信息和小前提信息进行选择与修饰的方法，让整个法律、证据采集和吸收过程充满了信息处理色彩。

四、法官如何抓取、释放超越事实和法律的信息

样本四：因在案件执行过程中无法联系到被执行人夏某沙，法官在法院官方微博中向被执行人夏某沙喊话——张某

---

① Mccaffery E. J., Kahneman D. J. & Spitzer M. L., *Framing the Jury: Cognitive Perspectives on Pain and Suffering Awards*, Virginia Law Review, Vol. 85:1, p. 1341 (1995).

与你名誉权一案判决已生效，确定你应履行刊登致歉声明、支付精神损害赔偿等款项6万余元的义务。因你未履行，张某申请强制执行，法院多次向你发出执行通知。现要求你立即履行判决，并到法院执行局2012室报告履行情况。就在法官通过法院微博向被执行人喊话的当天下午，一些网友通过媒体向法院提供了夏某沙多个联系方式。法官表示，发微博喊话主要是以公开的方式再次督促被执行人主动履行判决确定的法律义务，同时传唤被执行人到庭谈话，这种方式并不是一种常规的执行方式。[①]

以上借助公众信息平台敦促被执行人主动履行判决确定的法律义务并同时传唤其到庭的办案方式，在以往司法实践中没有先例，是法官首次通过法院官方微博"喊话"传唤当事人并要求其履行义务；在此次通过法院官方微博"喊话"传唤当事人后，类似法官行为方式并没有成为一种规范性制度。从法学规范性分析的角度而言，法官的上述创新行为方式已经超越了民事诉讼法以及相关司法解释中关于执行措施和送达规则的规范性要求；同时，法学和法律研究者很难用一种常规的逻辑三段论结构去合理解释法官的执行行为，法律实务工作者也很难用现有的法律规定或者司法惯例去预测法官在审判活动中出现的创新行为。然而，不可否认的是，基于涉案

---

① 2014年4月24日10时北京市朝阳区人民法院官方微博消息：载北京市朝阳区人民法院官方微博2020年1月25日。

双方当事人都是微博平台的活跃用户并始终处于信息更新状态、侵权行为也发生于微博、判决的部分内容也需要借助微博完成等情况,法官的此种行为不仅符合常理,而且其措施确实起到了较好的法律效果和社会效果。可见,基于法律难题破解、社会间隙弥合、公平正义追求的需要以及立法规定和法律施行的不周延性,法官在法律规则之外抓取信息、释放信息的行为已然超越了逻辑三段论模式,进行着更符合司法实践需要的"法之发现"。但值得一提的是,该类法官行为的发生时间、具体方式并不完全确定。

上述四个样本分别涉及刑事、民事、商事、执行四种案件类型,同时涉及案件事实信息、法律规范信息、锚定信息修正、抓取和释放超越事实或法律的信息等全流程的信息资源配置,见图3-1。与其说法官行为"应是天平",不如说法官思维和行为方式"更似钟摆",看似轨迹重合、幅度统一,实则力道变化、左右平衡。通过对个案中的审判行为进行深入解构后可以发现,法官在审判活动的行为,不是"纯粹地、规范地、可预知地从大前提到小前提的推论"——显然这种解释不能客观、全面描述法官审判的具体过程;也不局限于"规范与事实之间的往返顾盼"——显然这种解释没有说明往返顾盼的重心与具体内容;而是法官如何依法独立处理特定案件事实的具体信息、法律规范的要件信息、锚定结论的信息、超越事实或法律的信息四者之间关系并进行选择、修饰、配对的过程,即法官行为的核心与本质是对审判信息资源进行认定与配置。可以说,法律是一种特殊的静态产权配置方式,法官在职能上是努力实现法律所确定的私人交易边界替代性权利配置模式,法官行为则是一种在司法实践中利用信息进行权利配置的法定抉择方式,审判结果产生于法官个人与外部世界的深度信息互换、计算、交融。因此,关于法官处理信息时的审判效率研究,不但尤有必要,而且具备可行性。

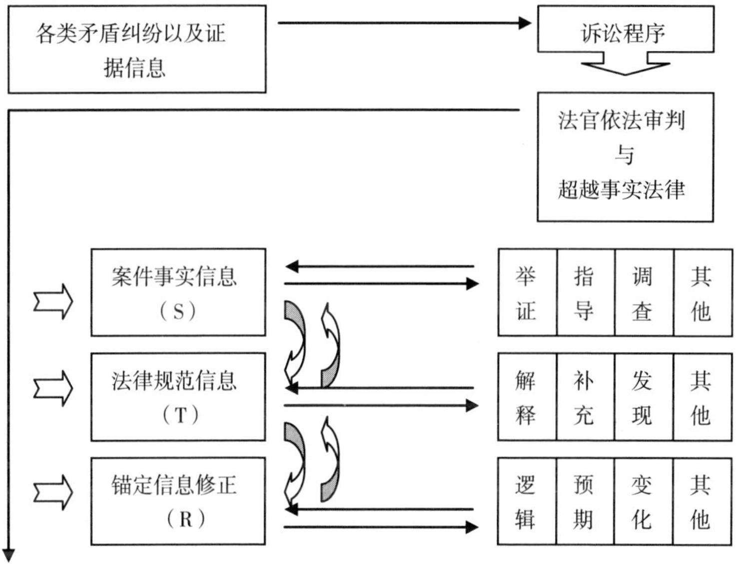

图 3-1　法官在审判活动中的信息选择行为

第二节　法官选择信息资源的差异性和稳定性

法官通过选择信息履行审判职能、从事审判活动——这正是法官思维的现实背景、公正艺术的独特之处，也是司法活动适应经济社会变化、在个案法律适用中实现实质正义的重要手段。考虑到法官行为在不同程度上受法律实施传统、经济社会环境、行政管理责任、社会管理方式、个人学识水平以及其他各种复杂因素的影响，法官的个案审判过程充斥着各种变量因素的调节和组合。接下来，将深入分析审判活动中信息差异化的主要背景，以及其与法官行为稳定性之间的关系。

一、法官选择案件事实信息与原始事实之间的差异性

当前，无论是理论界还是实务界对审判活动中案件事实的研究更多地聚焦于证明事实的标准性和规范性，较少就法庭调查程序中的信息问题进行深入考察。

(1)当事人举证质证过程中形成的信息差异。

举证质证是一个信息穿插、对比、衔接的复杂程序。在原始事实基础上生成的矛盾纠纷往往不具有完全的再现性。此

外,诉讼参与人举证能力的强与弱、质证环节的激烈与缓和、不同证据材料在证明力上的差异、举证行为本身存在主动或被动改变案件事实的可能等情况都让还原案件事实的信息发生扭曲。因此,尽管当事人举证质证在还原案件事实方面具有基础性地位,但是法庭调查环节后形成的事实“画面”多是零碎而割裂的片段。

(2)法官指导当事人举证质证过程中形成的信息差异。

实践中,法官为了查清案件事实往往会对当事人的举证责任予以释明并对当事人的举证行为进行指导,进而督促、引导当事人尽可能收集、提供足以还原事实全貌的证据资料。与当事人单独进行举证质证不同,在法官指导当事人举证质证的过程中,法官行为似乎起到了牵引的作用,然而这种行为本身在客观上让还原案件事实的构建活动增加了法官这一变量。法官在法庭调查程序中与证据相关的指导行为存在一定程度的偶然性和选择性。无论是具有约束力的指导还是仅具有指引性的指导都会改变举证质证程序的函数设定——这在审判实践中表现为必然产生的庭审沟通成本以及可能产生的当事人对法官指引方向和内容的质疑。

(3)法官依职权自主收集证据过程中产生的信息差异。

基于法律规定和司法解释对法官审判活动所作的约束性规定,当客观上存在收集证据难度、当事人举证能力不足等特定情形,法官需要结合具体案件情况依法履行收集证据的职责,其收集证据的具体方式包括但不限于以法官为主导的调查、勘验等活动。然而,法官依职权自主收集证据的行为与法官个人特质有着密切的关联性,即法官收集证据的行为受制于现实案件的多少和工作量的大小、个人阅历的丰富程度和生活经历的特殊性、从事审判活动的时间长短与经验多少以及个人情绪状态和对当事人的好恶等。特别是在案件量激增、工作量不断增大的压力下,法官往往在不影响收集核心、关键证据的前提下自觉或者不自觉地制造排除收集一些“非核心”“非关键”证据的可能,从而尽量压缩处理某些个案所需要的时间。

从客观上讲,法官选择信息构造的事实“画面”与原始事实之间均存在一定的差异性。整个案件事实的重构过程以及判决书中事实认定的内容,表面上看是当事人相对积极、法官相对消极的举证质证过程,实则法官头脑中的思维图示、储备知识、行为经验、工作负担以及个人情绪等因素对案件信息的抓取与处理起着决定性作用——正是法官掌控着将有效信息转化为认定事实依据、将关键信息载入逻辑小前提的总阀门。虽然这种以信息选择为基础的事实构建为法官裁判提供了依据,降低了社会矛盾不稳定状态的风险,但是与信息抓取和处理相关的问题却也是客观存在的。一方面,信息的抓取是重构事实的制度策略方法,原始事实不可能精确地依照法律发生,更不可能完全还原再现,所以信息的抓取本身就会造成信息的不完备、不对称,少数诉讼类案的信息抓取过程可能形成不一样的结论;另一方面,随着案件信息的汇集,法官在处理信息的过程中不断强化着其对案件事实的内心确认，任何信息的认定、增加、排除、遗漏都可能引起信息不完备、不对称，并最终导致被法官裁剪的事实画面存在部分甚至全部失真的可能。需要说明的是，这并不是否认信息抓取和处理在依法审判中的地位和作用，而是说明这种事实构建的差异可能并不是因为法官枉法裁判或者学业不精造成的，追根溯源是因为审判活动过程本身就是一个以信息不完备、不对称为背景的事实拼接和内心确认过程。

二、法官选择法律信息与法律本意之间的差异性

既然“法律（公正）借由法官降临人世”，那么法官适用法律的过程必然充满了“人性”，法律条文承载的正义必须借由法官的思维和行为应用于具体的诉讼案件中。法官的法律发现过程并不是机器模具生产，也不是流水线式的标准化作业，而是法官从人脑记忆中或者通过特定搜寻方法寻找法律并与案件事实不断地进行对比验证的过程。这一过程受法官语言理解与偏好、个人记忆的速度和广度、对其他法官行为方式的认知和借鉴程度、案例检索以及其他找法规则、法院整体教育培训方式等多种因素的影响，而且依赖于法官个体的直觉、感悟、经验、情感——即便这些因素不会直接反映在判决文书中。第一，当前的法学教育多局限于粗放式的法律发现方法，对找法活动的精准性训练不足。大陆法系的法学教育重在课

堂教义、理论研究。法学理论一般认为,法官发现法律主要包括法律解释、法律补充、超越法律的法之发现三种方式。然而,法官在运用三种法律发现方式时,会出现法律规则适用冲突、没有明确法律依据等多方面法律适用的困境。在面对"法律发现"的困境时,少数法官缺少在自己已承办成百上千案件后寻找最佳法律信息的能力和勇气,习惯于选择更加安全和固化的法律适用方式,用法律去"套取"事实或者参照类案确定审判结果,适用法律时的解释力和精确性还有一定程度的欠缺。第二,当前的法官养成机制以流程制主要特征,内容以组织讲授为主,整体成本较高。当前的法官养成机制对法官"识法"训练体系的建设,法院新录用人员经历数年"师傅带徒弟"、边干边学、各顾各家式的带教后,主要参考从业工作年限、所在部门工作量、法官员额数量等因素遴选法官并晋升职级;法官的职业培训以法律知识宣讲、法律技能交流、个人经验介绍、发放试卷作答等方式为主。在日常的审判活动中,法院和法官承担着巨大的案件压力,法官均是按照一定的"流程""套路"忙于日常的审判工作、处理手头的各类案件,法官行为在更大程度上可以被称为"一种相对固定的工作模式"。[①] 上述现状共同导致法官的养成过程可能遭遇裁判思维和法律适用模式形成主要靠师傅带、法律信息的获取

① [德]阿尔图·考夫曼、[德]温弗里德·哈斯默尔:《当代法哲学和法律理论导论》,郑永流译,法律出版社2003年版,第156页。

和理解方式参差不齐等问题。一旦遇见鲜活多变的案例案情、各种繁杂的信息进入法官的思维过程，部分法官思考问题的方式、发现法律的路径、解释法律的方法就显得随机而动、模糊不清，在审判活动中“一锤定音”的底气就略显不足。

三、法官接受非个案信息与职业法律人专业知识的差异性

从法律职业特性来看，审判是法官运用法律技术和规则进行判断的过程，法律逻辑是法律适用中的关键要素之一。在现实的审判活动中，法官逻辑思维的起点、形成、调整、架构以及结论都要受到案件之外各种因素的影响。这种影响可能是冲突的，也可能是融合的。下面，以法官的职业角色与其自然人、政治人、社会人角色的差异性为例来加以说明。

第一，在自然人的层面，法官所进行的审判活动包容了丰富的个人思维和行为，其审判活动实实在在地反映着各式各样的人性需求，即非常人性地追求诸如收入、权力、名誉、尊重以及闲暇等他人同样追求的善品。具体到司法活动中，法官行为不可避免地会表现出对特定当事人或者特定行为的好恶、对庭审对抗程度的不同把握尺度、重点研究论证感兴趣的案件争议点、对司法裁判影响力的追求、更好地平衡工作压力与休闲放松之间关系等行为倾向。[1] 这些因素均会影响到法

① 邹碧华:《论法庭情绪管理》,载《法律适用》2011 年第 8 期。

官接受当事人提供信息的具体内容、庭审问答以及鉴定等信息接受方式、在特定案件上处理各类信息的时间、在判决书中撰写认定案情和说明理由的比重等。

第二,在政治人的层面,法官在履行法定职能时需要坚定政治观点、接受政治轮训、顺应司法政策导向、讲求办案政治效果。在这样的环境下,法官在思维方式上会抓取更多的政治信息、在行为过程中对政治因素给予更多的考量。例如,为更好地发挥人民法院在维护社会稳定、保障国计民生等方面的作用,最高人民法院每年均会及时通报全国法院严惩毒品犯罪的相关案件情况,并要求各省、自治区、直辖市法院的法官依法严厉打击毒品犯罪,在各地掀起打击毒品犯罪的高潮。[①] 此外,在日常的个案审判活动中,若有当事人对审判结果表现出极端情绪,个别法官为了减少案件审理可能带来的负面评价,会通过适当引入第三方调解组织甚至积极指导当事人上诉等多种策略化解矛盾。

第三,在社会人的层面,法官生活在特定的社会环境中,其自觉或者不自觉地受到社会道德、社会评价、社会舆情等多方面信息的影响,甚至在个别家事案件中社会道德信息和舆论导向信息可以影响法官处理案件的最终结果。在审判实践中,法官需要吸收社会道德、社会评价、社会舆情的信息,这源

---

① 《最高人民法院通报严惩毒品犯罪有关情况》,载中国法院,http://www.chinacourt.org/article/detail/2014/06/id/1325359.shtml。

于其职业包含的社会责任。这种社会责任与职业责任的连接关系,有时表现得不明显、有时却表现得非常充分。例如,法官在法定程序的衔接环节中加入其对社会价值判断和社会人文关怀的理解,就是法官充分尊重公共利益、试图传播社会价值、履行个人社会责任的例证。

可见,传统法学理论中的纯粹逻辑结构是一种抽象化的法官思维方式,也是一种模型化的法官行为方式。在生产力和社会结构急剧变化的时代,信息流在整体体量和传播速度上不断扩张,法律适用活动的不稳定性是一种客观现实。长此以往,法官的审判思维和行为中将会融入更多的自然人、政治人、社会人等角色,法官的个案审判活动中会充满更多的信息变量,这使得裁判的过程和结果充满了繁杂性。对此,法官只能通过充分抓取、吸收、应用既有信息来谋求更为合理的利益平衡点并通过其职业化的行为承受各种无形的压力——这便是法官行为的实然状态,这一状态为具备司法文明制度的国家所共有而并非我国独有,是一个不同背景的客观存在。

四、对裁判稳定性的访谈调查以及法官选择非法律信息资源的证明

为进一步分析法官选择信息的稳定性问题,对 50 位法官近几年的审判活动情况开展了访谈调查。调查问卷包括了四个方面的问题:第一,在法庭调查程序中,对同一案由案件的事实查证有统一的调查要点和证明标准吗?第二,在适用法

律的过程中,是否经常使用智能查询系统或者类案推送软件?第三,在传统法律三段论逻辑因素以外,其他非案件信息以及非理性因素会在一定程度上影响法官的思维和行为吗?第四,如果法律三段论推论结果与法官的价值判断、心理预期有差距时,是否会对法律三段论中的前提和结论进行相应调整修正?关于法官回答调查问卷的结果,见表3-1。

表3-1　50名法官的问卷调查结果

单位:%

问题	"是"占比	"否"占比
问题1	66	34
问题2	88	12
问题3	72	28
问题4	78	22

从法官回答问卷的情况和相关统计数据的结果看,基于职业素质与习惯,法官对涉案相关事实信息是十分敏感的,信息的收集、消减、拼接、运用过程存在一定的不确定性,法官调查案件事实、进行事实构建的过程也存在一定的不确定性;法官找寻法律的过程呈现粗放型的特点,办案指引规范的覆盖面还不够全面,法官大多以以往审理过的诉讼案件和判决书为基础寻找法律且更倾向于援引自己更熟知的法律条文;在日常的审判活动中,有的法官在法庭调查程序中会不自觉地控制庭审时间,在撰写判决书时更倾向于压缩判决书的篇幅,在与当事人和代理人接触过程中会非常重视政治和社会效

果，在应对媒体时会充分回应社会关切，同时当法律推论与价值评断、心理预期有差异时会修正审判结果。针对审判活动中法官引入非法律信息的现象，法官们均表示一般不会在裁判文书中直接写明非法律信息：一方面，积极考虑非法律信息的法官认为非法律信息资源可以反映更深层次、更社会化的现实，能够降低依赖传统法律信息的成本，并且这种趋势的延续有可能会带来传统法律标准的变化；另一方面，消极考虑非法律信息的法官则对滥用非法律信息持批评态度，认为非法律信息资源的稳定性、准确性较差，这种不确定性将会破坏法律的公正性、司法意见的权威性。①

从事法官职业的人们曾经无数次对“我到底做了些什么”进行追问，并对“信息资源指导”“多大比重发挥作用”“一个酝造和选择过程”有了初步的体会。② 其实，通过深入分析可以发现，法官审判思维的主要模式是对个案事实信息和法律适用信息进行抓取，并将选择的特定事实信息置于法律规范信息的要件之下，并获得审判结论的过程。正是法官在个案裁判过程中对信息进行抓取、选择、处理的行为，决定了法官职业较之于立法、行政职业的特质，也呈现出了法官依

① Schauer F. & Wise V. J., *Nonlegal Information and the Delegalization of Law*, The Journal of Legal Studies, Vol. 29: S1, p. 495 – 515(2000).

② 关于法官行为与信息资源的关系问题很早就被给予了关注。但是鉴于法学分析方法的某些局限性，相关问题的研究并不深入。[美]本杰明·卡多佐：《司法过程的性质》，苏力译，商务印书馆 1997 年版，第 1 ~ 2 页。

法居中判断、裁断的魅力。然而,法官行使审判权的起点、过程、结论均具有相当的不确定性。从司法概念上说,这种“不确定性”指的是缺乏有关过去、现在、将来或者假想事件的过程的确切知识。[①] 从司法过程上说,这种“不确定性”表现为法官认知和行为上较大的偏离度。从司法结果上说,这种“不确定性”可能会降低法官对自身职业权威性、标准性、价值性的评价,也可能造成大众对审判权力运行的认同差异。审判权的本质是判断权,法官利用各种各样的信息创造出一种替代性权利配置模式,其过程本身听起来就是难以置信的。[②]

第三节　法官的信息选择实践证明了“法官行为—审判效率”模型研究的可行性

信息不但在市场活动中发挥着极其重要的作用,而且深

① [美]安东尼·唐斯:《民主的经济理论》,姚洋、邢予青等译,上海人民出版社 2017 年版,第 71 页。

② 彭春:《裁判的软实力:法官“涵摄”思维的微观透析》,载贺荣主编:《全国法院第 26 届学术讨论会获奖论文集》,人民法院出版社 2015 年版,第 898 ~ 905 页。

刻地影响着包括审判在内的各种公共领域活动。在一定程度上,诉讼活动本身就是一个依据制度推动运行的过程。如果诉讼活动可以被转化为一个信息选择过程,那么这一信息选择过程必然是有成本的并存在效率判断的问题。这种效率问题不仅影响的是法官的个案审理时长、案件平均审理时长,更为重要的是通过作用于诉讼活动中各个相关人员的认知和行为影响个案处理的具体方式、法律适用的统一性以及人民群众对司法的感受。此时,法官的信息选择实践可打开通过法官行为研究审判效率、审判公正的路径。

通过前文的分析可以发现:一方面,关于审判活动的各种信息深刻影响着法官的合理预期、当事人的诉请和抗辩内容、庭审过程的走向以及审判的最终结果。另一方面,事实信息提取、法律信息搜寻、结论预判与前提修正等行为均使法官能够占有、选择、处理各种审判信息资源,该过程存在一定的差异性和不确定性。具体到某一个案件或者某一个判断上,这种差异性和不确定性可能在强度、相关性以及可排除性上存在差异,但是差异性和不确定性本身不可能完全被排除。可以说,相对于诉讼活动中的其他参与人员,法官在处理个案时具有强大且无可比拟的信息优势。凭借这种信息优势,而不完全是通常意义上的专业素养和经验判断,法官能够始终左右裁判的结果,并借助强制性执行权力落实其判断行为。

现实的问题是,面对法官选择信息的差异性和不确定性,在研究与讨论这些诉讼过程中的信息不完备和不对称问题时，法学研究的传统分析框架和实务工作的惯性思维会产生两种认识：第一种认识是，将信息差异认作“可事后及时修复”“矫正后不再普遍出现”的问题，即信息资源可以被诉讼活动中的各方以及社会公众所周知；第二种认识是，司法主要回应的是公正问题，信息不完备和不对称并不会明显损害正义，即便与信息相关的问题会增加司法运行的总体成本，但是这些效率价值的考虑也应当让位于公正价值。基于这样的认识，在实践中会自然出现这样一种逻辑，即“法官裁判案件——出现了不确定性——通过推进司法公开和司法宣传减少信息不完备和不对称——（循环）——法官裁判案件——出现了不确定性——通过推进司法公开和司法宣传减少信息不完备不对称——（循环）……”可以解决信息不完备和不对称问题。这种“发现问题＋解决问题”的方式看似很具有可操作性，但是缺少对问题本质与性质的专业性认识，忽视了在每一个案件中取得、吸收并处理信息等制度成本。“法官裁判案件——出现了不确定性——通过推进司法公开和司法宣传减少信息不完备和不对称——（循环）……”逻辑思维的主要问题有以下两个方面：

第一，审判活动中信息性质问题。在这一逻辑思维中，认为法官在审判活动中的各种信息资源能够被诉讼活动中的各相对方逐步、完全、准确知晓，通过必要的信息公开能解决信息不对称问题。这种认识对诉讼活动中各相对方收集、处理信息的实际情况了解不够全面，对诉讼活动中各方主体取得信息的成本和吸收信息的成本问题考虑还不够周全。[①] 在经济学等相关理论中,获取、分析、抉择、使用信息总是存在成本问题,信息不完备和不对称是一个无法根本解决但需要积极应对的问题。在审判实践活动中,人民法院通过审判流程、诉讼庭审、裁判文书公开以及多媒体司法宣传等方式努力让与审判相关的信息公共化并使当事人能够掌握更多的信息,然而对于正在进行中的案件性质、法律关系、争议焦点、案件难易、心理状态、时间安排、裁判预期等各方面内容,法官均享有强大的信息优势;相较而言,其他相对方对法官从事审判工作的信息缺少及时充分的了解,即便其他相对方了解了部分信息,也未必能够进行正确的理解和有效的预判。因此,无论在理论上还是在实践中,均不应将信息问题简单化。

第二,审判活动中信息成本问题。在这一逻辑思维中,认为信息不完备和不对称带来的不确定性是追求公正价值中必须付出的代价。囿于信息问题带来的制度运行成本通常很难外化为诉讼活动中各方的实际损失,部分认知对信息问题所带来的实际影响了解不够深入。然而,制度是有成本的,审判制度亦是如此,并且这些成本是可以被计量的,总是需要被承担的。以当事人角度为例,信息问题带来的成本主要通过两类方式被承担:一方面是增加了当事人在尽力获取、吸收信息

---

① Bintliff B., *From Creativity to Computerese: Thinking Like a Lawyer in the Computer Age*, Law Library Journal, Vol. 88:3, p. 338 – 351(1996).

方面的投入,例如,通过聘请专业律师辅助诉讼,通过各种方式收集和补充事实证据,通过亲戚朋友了解实体程序法律,通过网络或者私人途径打听法官的审判方式偏好,通过自主学习增加法律知识和强化参与庭审的能力,等等;另一方面是增加了当事人在影响法官心理预期、思维方式、行为方式等方面的投入,例如,通过选择策略性的诉辩方法让法官接受更多己方信息,通过利用舆论信息对法官施加不同程度的压力,通过上诉、申诉程序进行必要救济,通过选择替代性纠纷解决机制化解矛盾,等等。可以发现,这些制度成本主要表现为一系列应对行为。然而,无论是增强自身的信息资源,还是影响法官的信息渠道,又或者是转向其他诉讼或者非诉讼程序——相应的应对行为成本均由当事人承担。

综上,法官在审判活动中拥有强大的信息优势,这种信息优势本身可以被利用来扩大效益,也可能造成对效率的损害。在理论上,信息不完备和不对称带来的问题主要包括逆向选择、道德风险、欺骗、偷懒、敲竹杠等多种形式。[①] 在司法活动中,由法官所主导的获取、分析、抉择、使用信息的过程是如何影响诉讼参与人的心理和行为以及诉讼程序本身运行的制度成本究竟是什么、审判效率问题是否会在个案意义上决定裁判公正性……这些问题都可以通过法官信息选择行为进行分析。

---

① 薛兆丰:《经济学讲义》,中信出版集团2018年版,第342页。

在问题分析的切入点上,鉴于司法伦理道德的约束,在审判实践中法官一般不可能利用信息选择活动进行欺骗;鉴于证据规则、案件评查、长期未结案监管等制度的约束,法官一般不会恣意处理进入庭审质证程序的“事后信息”而引发道德风险,又或者故意怠于履行职责;但是,对于未进入或者未完全实质进入庭审程序的“事前信息”,由于缺少制度约束,法官很可能产生逆向选择行为并造成审判效率折损。

第四章　个案裁判活动中法官行为的效率限度

本章将聚焦诉讼活动中的关键角色——法官以及其行为，并通过考察首次离婚纠纷案件中“不判离”现象，[①]尝试对个案裁判活动中的相关效率问题开展实证研究。

第一节　对首次离婚纠纷案件中“不判离”现象的观察

一、离婚纠纷中的公共信息与私人预期

在离婚纠纷案件的诉讼过程中，法官与其他的诉讼活动参

① 在家事诉讼活动中，法院对法官职权干预有特殊要求，即强化法官的职权探知、自由裁量和对当事人处分权的适当干预。这更有利于观察法官对诉讼活动产生的影响。参见杜万华：“积极探索家事审判工作体制机制改革，切实维护婚姻家庭稳定与社会和谐——在部分法院家事审判改革工作座谈会上的讲话”，载杜万华主编、最高人民法院民事审判第一庭编：《民事审判指导与参考》总第64辑，人民法院出版社2016年版，第89～90页。

与者拥有与离婚纠纷诉讼相关的法律公共信息。例如，按照《民法典》第1079条和原《婚姻法》第32条的规定，法官应当对离婚案件进行调解，且在调解无效、感情确已破裂的情况下准予离婚。具体来说，当有重婚或有配偶者与他人同居，实施家庭暴力或虐待、遗弃家庭成员，有赌博、吸毒等恶习屡教不改，因感情不和分居满二年，一方被宣告失踪以及其他导致夫妻感情破裂等六种情形时，法官应准予以离婚。[①] 按照《民事诉讼法》第124条之七的规定，在首次离婚诉讼中，如果当事人双方调解和好或者法官判决不准予离婚时，法院不受理原告在六个月内又起诉离婚的案件，但是原告有新情况或者新理由的除外。[②] 法律公共信息的目的在于建构一个良好的秩序，即降低法律规定的六种主要离婚情形给家庭成员带来的侵害，努力维护家庭稳定、促进社会和谐，并为当事人双方提供对婚姻再次慎重考虑机会的选择。

假设上述法律公共信息不因个人原因而不被知晓。按照法律的指引，对法官而言，其在审理首次离婚纠纷案件时应当

① 2021年1月1日起施行的《民法典》与2001年4月28日修订的《婚姻法》对法院审理离婚纠纷案件时的判断标准无实质变化。仅增加了条款“经人民法院判决不准离婚后，双方又分居满一年，一方再次提起离婚诉讼的，应当准予离婚”。但是并不对本文的首次离婚纠纷案件“不判离”造成实体和程序方面的影响，并且近年来法官关于首次离婚纠纷案件的审理思路并未有改变。

② 本章中关于离婚纠纷案件的程序法研究以2012年8月31日和2017年6月27日修正的《民事诉讼法》为依据，两次修正均未对“不受理原告在六个月内又起诉离婚的案件”的条款进行修改。

积极审查六种主要离婚情形且在符合条件时判决离婚，或者审慎认定夫妻感情破裂的情形且可对6个月后原告的第二次诉讼予以判定。对原告而言，其应当是优先提交与六种主要离婚情形相关的证据，如果不被准予离婚时可在6个月后尽快再次提起诉讼，请求法官作出准予离婚的判决。对于不同意离婚的被告而言，其应当是尽量降低与六种主要离婚情形相关证据的证明效力，积极提交与原告之间感情尚未破裂的充分证据，说服法官作出不准予离婚的判决；对于同意离婚的被告而言，其与原告的目的一致，只需要处理其他相关争议即可。

需要仔细观察和深入研究的问题是，在知悉上述法律公共信息后，现实的（不是假设的）不同主体在参与审判活动时会产生与法律规范指引截然不同的真实私人心理预期以及行为选择。

二、首次离婚纠纷案件中“不判离”的数据对比与说明

接下来，笔者将对各个主体基于私人心理预期参与审判活动的行为进行实证研究。鉴于全国法院在2016年进行了第三批四项基础性改革，即在全国推行完善司法人员分类管理、完善司法责任制、健全司法人员职业保障、推动省以下地方法院人财物统一管理四项核心改革举措，特别是法官员额制改革后，法官人员素质有了稳步提升。为了将法官主体和

能力因素对观察结果的影响降到最低，笔者从中国裁判文书网分别抽样了2016年之前和2016年之后各300件离婚纠纷案件进行对比分析。

样本五：2013～2015年有明确解除婚姻关系请求的首次离婚纠纷诉讼案件300件：通过对2013～2015年三年间300件有解除婚姻关系请求的首次离婚纠纷案件情况进行统计，可以发现在原告首次起诉离婚的案件中，判决原告胜诉且离婚的案件为37件，其中包括被告同意离婚但有其他主要争议的19件、被告同意离婚且无主要争议的6件、被告不同意离婚但有符合法定情况的12件，其数量仅占全部案件数量的12.3%；与之形成对比的是，判决原告败诉且不准予离婚的案件为208件，其数量占全部案件数量的69.3%、占被告不同意离婚案件数量的87.8%，见表4－1：

表4－1　2013～2015年有解除婚姻关系请求的首次离婚纠纷样本情况

（单位：件）

<table>
<tr><td colspan="4">被告同意离婚</td><td colspan="2">被告不同意离婚</td></tr>
<tr><td colspan="2">子女归属等人身关系、房屋等财产关系有主要争议</td><td colspan="2">无主要争议</td><td>有明确证据证明有《婚姻法》第三十二条第三款（一）（二）（三）（四）（五）项等情形</td><td>其他情形</td></tr>
<tr><td>判决离婚</td><td>调撤等</td><td>判决离婚</td><td>调解离婚</td><td>判决离婚</td><td>判决驳回（或撤诉等）</td></tr>
<tr><td>19</td><td>21</td><td>6</td><td>17</td><td>12</td><td>208（17）</td></tr>
</table>

样本六：2016～2018年三年间有明确解除婚姻关系请求的首次离婚纠纷诉讼案件300件：通过对2016～2018年三年间300件有解除婚姻关系请求的首次离婚纠纷案件情况进行统计，可以发现在原告首次起诉离婚的案件中，判决原告胜诉且离婚的案件为40件，其中包括被告同意离婚但有其他主要争议的22件、被告同意离婚且无主要争议的7件、被告不同意离婚但有符合法定情况的11件，其数量仅占全部案件数量的13.3%；与之形成对比的是，判决原告败诉且不准予离婚的案件为199件，其数量占全部案件数量的66.3%、占被告不同意离婚案件数量的88.4%，见表4－2：

表4－2　2016～2018年有解除婚姻关系请求的首次离婚纠纷样本情况

（单位：件）

被告同意离婚				被告不同意离婚	
子女归属等人身关系、房屋等财产关系有主要争议		无主要争议		有明确证据证明有《婚姻法》第三十二条第三款（一）（二）（三）（四）（五）项等情形	其他情形
判决离婚	调撤等	判决离婚	调解离婚	判决离婚	判决驳回（或撤诉等）
22	26	7	20	11	199（15）

值得注意的是，样本五与张维迎、柯荣住研究发现契约纠纷中原告胜诉率高达八成的情况相比出现了巨大反差，两位

学者试图在契约纠纷中证明产生诉讼的原因一般不是契约的模糊性,而是当事人的策略性选择,原告的胜诉率越高则实际违约的人越多。[①] 然而,如果将婚姻关系也看作人身关系上的"契约",那么在首次起诉离婚的案件中原告胜诉率高的现象并不存在,原告达成离婚意愿的仅占三成左右。样本六也出现了与样本五同样类似的情况,在首次起诉离婚的案件中原告胜诉率高的现象也不存在。首次起诉离婚的案件中,法官判决准予离婚的情况较少,原告达成离婚意愿的比例较低,这究竟是什么原因,需要进一步加以分析。

为了弥补案件抽样的局限性,可以就首次离婚诉讼不判离的现象与法官进行了访谈调研,进一步了解"法官的所思所想"[②]。法官对统计数据情况的基本描述和解释是:(1)在被告同意离婚且无主要争议时,一般情况下当事人能够调解结案;个别当事人基于判决书认定事实更加全面的考虑,要求法官通过作出判决书对当事人的诉讼请求、抗辩理由、认定事实、适用法律予以明确。(2)在被告同意离婚,但对子女归属等人身关系、房屋等财产关系存有主要争议时,有的法官会以"还未处理好家庭重大事项"为由动员当事人撤诉;有的法官组织当事人进行调解;有的法官仅处理婚姻关系、对其他诉讼

① 张维迎、柯荣住:《诉讼过程中的逆向选择及其解释——以契约纠纷的基层法院判决书为例的经验研究》,载《中国社会科学》2002 年第 2 期。

② 法官认知是一切纠纷能够得到解决的前提条件,"法官所思"是法官所有认识的真理性的第一保障。参见王申:《法官的理性认知与司法前见》,载《法学》2012 年第 6 期。

请求另案处理;在有的案件中,当事人坚持离婚、矛盾激烈,虽然存有复杂的诉讼争议,法官也会为了避免矛盾加深而对全案进行判决处理。(3)在被告不同意离婚,但是具有六种主要离婚情形时,法官会考虑支持原告诉讼请求、判决准予离婚的可能性。[①] 然而现实是,法官仍然以不判决准予离婚为导向,即便是在一些涉家庭暴力案件中。[②] (4)在被告不同意离婚,且不具有六种主要离婚情形时,法官通常会以"双方均应从珍惜婚姻家庭的角度出发,审慎处理婚姻中出现的问题","被告愿意为改善婚姻关系作出努力,双方现以不离婚为宜","双方均认可婚后确有吵架甚至动手情形,但不足以从法律上认定存在法庭暴力"等为由,动员原告撤诉或者判决驳回原告诉讼请求,其中被动员撤诉的原告方大多会基于"克己、忠恕等儒家道德观"[③]而撤回首次离婚诉讼的请求。此外,法官会考虑庭前谈话或者庭审笔录中被告关于"婚姻关系可以解除,但是如果原告不答应子女、财产等条件,则不同意离婚"的可选择性意见,通过抽取案件中需要稳定家庭关系的事实进而认定"鉴于家庭现实考虑,双方现以不离婚

---

① 法律列举的几种准予离婚的主要情形,并非判决当事人诉讼离婚的必要条件、法定情形。参见黄薇主编:《中华人民共和国民法典婚姻家庭编释义》,法律出版社 2020 年版,第 150 页。

② 贺欣:《司法为何淡化家庭暴力》,载《中国法律评论》2019 年第 4 期。

③ 尤陈俊:《儒家道德观对中国传统诉讼文化的影响》,载《法学》2019 年第 3 期。

为宜”,判决驳回原告诉讼请求。[①] (5)通过向法官询问案件上诉情况发现,以往原告对驳回离婚请求的判决结果不服会坚持提起上诉,但是上诉大多被上级法院以同样理由驳回,因此对上诉结果有比较明确的预期。为进一步深入了解首次离婚纠纷案件的上诉情况,在中国裁判文书网以“离婚,家庭暴力”为关键词搜索到2019年1月1日至2021年5月1日某直辖市中级法院审理的“原告提出被告存在家庭暴力情形”二审生效判决书样本162份。被告不同意离婚的84件案件中,法官仅在17件案件中支持了原告的离婚诉求,在67件案件中未支持原告的诉讼请求,并且在36件案件中未提及是否构成家庭暴力,仅以双方感情未破裂为由驳回原告的离婚诉求。为减少等待时间、加快离婚速度,一些原告会主动要求法官尽快判决驳回首次离婚请求,也不会提出上诉申请,而仅需等待六个月后再次提起离婚诉讼。(6)这些不予离婚或者撤诉的首次离婚纠纷案件,并没有离开诉讼程序。法官判决不予离婚的案件绝大多数会被再次起诉到法院。基于某些法院内部的制度规定,原案件可能仍由原法官进行审理。在司法实践中,对原告第二次起诉离婚的案件,即便被告再次不同意离婚,法官大多也会以感情破裂为由判决离婚,但是也有少数

---

① 从司法认知过程来看,这些裁判理由主要突出直觉、检测与证立三个环节中的第一个环节,相关的后两个认知环节并不完全和充分。直觉是一种缺乏意识监控的认知机制,必须要加以适当的限制。参见李安:《司法过程的直觉及其偏差控制》,载《中国社会科学》2013年第5期。

案件在第二次诉讼中仍不被准予离婚。

还值得注意的是,通过对2016年之前和2016年之后各300件离婚纠纷案件的数据进行对比可以发现:(1)在2013~2015年三年间首次离婚纠纷诉讼案件中,判决原告胜诉且离婚的案件为37件,其数量仅占全部案件数量的12.3%;在2016~2018年三年间首次离婚纠纷诉讼案件中,判决原告胜诉且离婚的案件为40件,其数量仅占全部案件数量的13.3%。(2)在2013~2015年三年间首次离婚纠纷诉讼案件中,调撤案件55件,其数量占全部案件数量的18.3%;在2016~2018年三年间首次离婚纠纷诉讼案件中,调撤案件61件,其数量占全部案件数量的20.3%。(3)在2013~2015年三年间首次离婚纠纷诉讼案件中,被告不同意离婚的案件数量237件,法院判决驳回案件208件,占被告不同意离婚案件数量的87.8%;在2016~2018年三年间首次离婚纠纷诉讼案件中,被告不同意离婚的案件数量225件,法院判决驳回案件199件,占被告不同意离婚案件数量的88.4%。

针对这一类数据比较可以有以下初步判断,在两个时段内,法官判决原告胜诉且离婚的案件量很接近,占比在12%~14%之间;调撤案件数量增加了6件,占比提升了2个百分点;当被告不同意离婚时,法官对其支持力度均较大。关于上述数据变化的解释是:(1)法官判决原告胜诉且离婚的案件量较少,判决不予离婚的案件量依然占主体。法官对样本五中统计数据情况的基本描述和解释在样本六中同样适用。

(2)案件中原告诉讼请求不被支持的原因并不在于法官的能力不足。在本轮司法体制改革坚持“审理者裁判,裁判者负责”,推行四项基础性改革后,法官员额制的施行让法官队伍的政治素质、综合素养和业务能力得到了进一步提升,对领导干部或者内部人员干预司法活动、插手过问具体案件处理情形的严肃处理减轻了法官从事审判活动的外部压力,依法处理涉诉信访案件让法官更加从容应对矛盾纠纷。(3)第二个时段的调解和撤诉案件数量略有上升,法官也乐见于当事人调解和撤诉案件;与之相伴而生的是,当被告不同意离婚时,法官大多支持其答辩意见。这在一定程度上说明,较之于长时间实质性处理当事人之间的复杂纠纷,法官更偏向于通过“裁剪案件事实等方式避开那些认定麻烦的、花时间精力的‘事实’”,[①]进而通过调解、撤诉、判决驳回等相对简单的方式处理案件。

三、首次离婚纠纷案件中私人预期的扭曲与新的行为选择

通过上述数据和访谈可以发现,与法律的规范指引相比较,法官和当事人在审判活动中的真实心理预期和实际行为选择发生了变化:(1)按照规范指引,法官积极审查六种主要离婚情形且在符合条件时判决离婚,或者审慎认定夫妻感情

① 苏力:《基层法官司法知识的开示》,载《现代法学》2000年第3期。

破裂的情形且可对六个月后原告的第二次诉讼予以判定。最终法官的选择处理方式是，如果当事人存在某种争议，此时搜寻可能证明婚姻关系尚未破裂或者尚需维系的“正当化”信息，即可以动员原告撤诉或者判决驳回原告诉讼请求，而放弃收集可能证明婚姻关系破裂的信息——这甚至可以说已成了一种相对“格式化的程序”。① （2）按照规范指引，原告提交与准予离婚情形相关的各类人身、财产证据，如果不被准予离婚也可以在六个月后考虑再次提起诉讼，促成法官作出准予离婚的判决。但最终原告的选择处理方式是，在首次诉讼中降低提交各类诉讼证据的数量和质量、减少首次诉讼中的成本，②进行简单程序备案后等待第二次诉讼时的法官实质性审查。（3）按照规范指引，不同意离婚的被告尽量降低准予离婚相关证据的证明效力，提交与原告之间感情尚未破裂的充分证据，说服法官作出不准予离婚的判决。但最终被告的选择处理方式是，在首次诉讼中简单答辩婚姻关系尚未破裂且表示出挽救婚姻的态度，因为只需要相对较低的答辩成本即可在诉讼中不被判决离婚。③

---

① 方乐：《转型中的司法策略》，载《法制与社会发展》2007 年第 2 期。

② 隐藏信息不仅是平等市场交易中存在的问题，而且是一个在组织机构中也存在的问题。参见［荷］塞特斯·杜玛、［荷］海因·斯赖德：《组织经济学：经济学分析方法在组织管理上的应用》，原磊、尹冰清等译，中国人民大学出版社 2018 年版，第 66 页。

③ 在刑事案件中，也会出现执法者将自己的判断、权衡和顾虑带进执法活动并影响立法实现的情况。参见左卫民：《刑事诉讼中的“人”——一种主体性研究》，载《中国法学》2021 年第 5 期。

可见,在首次离婚纠纷的诉讼程序中,法官拥有利用信息优势创造产权配置模式的地位,当事人积极主动地迎合、应对程序性要求。现实的情况是,公共法律信息带给各方主体的私人心理预期并未按照标准的制度设计模型实现,各方主体表现出了新的行为选择。各方新的行为选择共同导致了部分首次进入诉讼程序的离婚纠纷案件缺少全面实质审查,缺少实质意义的争讼;部分诉讼争议焦点、案件核心事实、关键证据举证质证被排除在诉讼程序之外;部分首次离婚诉讼"不判离"案件给审判资源和审判效率带来了一定损失。至此,在部分首次离婚纠纷诉讼中,《民法典》第 1079 条和原《婚姻法》第 32 条以及《民事诉讼法》第 124 条等法律制度的目的并没有完全实现。

产生这种现象的可能性猜测是:法官在主导诉讼程序的过程中形成了信息优势地位,当事人对诉讼活动的预期发生了改变,诉讼参与各方共同推进相对较低效率的诉讼程序,由此导致了首次离婚诉讼不判离的现象,并造成了审判活动中的逆向选择效应。此时,部分离婚纠纷案件无法被有效处置,这部分案件须到第二次离婚纠纷案件时才可能被实质处理,法院的审判效率和审判资源也会因此遭受一定损失。接下来,将尝试运用模型推理对审判活动中的逆向选择效应进行证明。

第二节 法官在首次离婚纠纷案件中的逆向选择行为模型

一、案件质量非连续均匀条件下的模型

在首次离婚纠纷案件中，法官提供是否准予离婚的司法产品；当事人可以对司法过程和产品进行评价，并基于信任而选择诉讼作为纠纷化解方式。在法官都具备合格的政治素质、道德品质、业务能力并依法裁判的假设条件下，法官自身对一件离婚案件的实际审判质量情况最为了解，因为法官自己知道在运用信息资源处理某一件首次离婚诉讼案件时所投入的时间和精力，也就是说司法活动是“高度个性化”[①]的裁判活动、案件质量是法官的私人信息；相对而言，当事人一般只会关注审判结果与自身利益的直接关系，较少且很难去衡量法官对特定案件的心证过程和时间投入情况。在下面的模型里，将对首次离婚纠纷案件中的各种因素进行简化抽象，设置过多的变量因素会将问题复杂化、难以提供具有针对性的结论。

① 胡夏冰：《司法权——性质与构成的分析》，人民法院出版社 2003 年版，第 328 页。

现假设:(1)法院已经按照立案登记制的规定依法受理了当事人的起诉,法官与当事人处于首次离婚纠纷的审判活动中;为了简化关系,鉴于法官处于信息相对优势一方、原告和被告均处于信息相对劣势一方,且判决权、撤诉权主要分别由法官和原告所有,所以模型中一般主要涉及法官和原告两个主体、被告被并入当事人或者原告的抽象概念中进行分析。(2)将法官审理案件的时间设定为司法产品的质量,标记为TIME;将当事人对司法产品的评价值设定为其对司法产品的出价,标记为EVALUATION;[①]法官和当事人对司法产品质量与司法产品评价值的对应关系、衡量标准是一致的。(3)为了方便运算,先设定司法产品质量并不是连续且均匀分布的,司法产品质量只有两种类型且数量各占一半,高质量司法产品的司法评价值是 $TIME_{max}$ = EVALUATION800,低质量司法产品的司法评价值是 $TIME_{mix}$ = EVALUATION200。

那么,法官的效用 U_{judge} 记为:

$$U_{judge} = EVALUATION - TIME \qquad (4-1)$$

同时,原告的效用 $U_{litigant}$ 记为:

$$U_{litigant} = TIME - EVALUATION \qquad (4-2)$$

如果不存在信息不完备、不对称的情形,首次离婚诉讼会

① 当事人对司法产品的评价值可以转化为包括司法信任等在内的多种概念范畴,司法信任研究已成为提升司法公信力的理论支撑或者司法公共支持的逻辑基础。参见郑成良、李文杰:《"司法信赖"生成机制研究——基于上海法院陪审运行的实证研究》,载《社会科学战线》2018 年第 10 期。

有两种情况。第一种情况是,当事人给予法官的高质量 $TIME_{max}$ 司法产品以高评价值 EVALUATION800;第二种情况是,当事人给予法官的低质量 $TIME_{mix}$ 司法产品以低评价值 EVALUATION200。其法律含义是:在第一种情况下,法官和当事人双方都会为诉讼相关活动做好充足准备,积极处理审判活动中的每一个细节,最充分地实现了法律公正价值;在第二种情况下,法官和当事人双方对诉讼相关活动的期望不高,降低了各自行为的标准,以纯粹结案为目的。

如果存在信息不对称的情形,当事人则无法完全辨别法官办理案件、提供司法产品的实际质量。在立案登记制的约束条件下,法院按照立案标准受理了案件。在实际审判活动中,当事人预计遇到高质量和低质量司法产品的可能性各占一半。[①] 此时,当事人对司法产品质量的评价值预期用公式可表达为:

$$E[TIME] = 0.5TIME_{mix} + 0.5TIME_{max} \qquad (4-3)$$

通过式(4-1)(4-2)(4-3)可以发现,当事人对司法产品的最高预期评价值是 EVALUATION500。诚然,在首次离婚诉讼的过程中,面对当事人 EVALUATION500 的最高评价值,提供高质量 $TIME_{max}$ 司法产品的法官是无法接受的。

① 有学者认为,社会公众信任司法的局面还没有完全形成,司法公信力依然有提升空间,这一局面无疑制约和影响了司法的高质量发展。参见公丕祥:《新时代中国司法现代化的理论指南》,载《法商研究》2019 年第 1 期。

在缺少针对性制度约束的审判环境里，很难激励法官一直持续为当事人提供同等高质量 $TIME_{max}$ 司法产品，以往提供较多高质量 $TIME_{max}$ 司法产品的法官可能减少高质量 $TIME_{max}$ 司法产品，转而提供更多低质量 $TIME_{mix}$ 司法产品。面对法官可能减少高质量 $TIME_{max}$ 司法产品的情况，当事人亦不可能给予更多司法产品 EVALUATION800 的评价。此时的理论模型表明，法官和当事人之间在质量 $TIME_{mix}$ 司法产品与评价值 EVALUATION200 达成了均衡，有部分的潜在高质量诉讼活动无法完成。由此，在案件质量非连续均匀条件下的模型中，主要是既定法律制度中的信息问题而不是司法能力、技术或者其他问题导致了法官不会一直持续在首次离婚诉讼中提供高质量 $TIME_{max}$ 司法产品，当事人在首次离婚诉讼中也会倾向于给予司法产品相对较低的评价值。

二、案件质量连续均匀条件下的模型

需要说明的是，在前文设定的假设条件中，法官从事审判活动只提供两种质量的司法产品，即高质量 $TIME_{max}$ 司法产品和低质量 $TIME_{mix}$ 司法产品。接下来，可以对审判活动中的假设条件进行一定调整，即将司法产品质量只有两种类型且数量各占一半的条件变为司法产品质量是在 $TIME_{max}$ 与 $TIME_{mix}$ 之间呈连续且均匀分布的状态。

在新的条件下，如果不存在信息不完备、不对称的情形，那么审判均衡的结果是法官提供的每一件司法产品均能按照产品质量被当事人给予对应的评价，不存在高质量低评价或者低质量高评价的问题。如果存在信息不对称的情形，当事人并不能够全面知晓法官提供的司法产品质量，当事人只能够依据其预期并以司法产品的平均质量来给予评价。也就是说，即便法官投入全部精力和时间提供了高质量 $TIME_{max}$ 司法产品，通常并不会被当事人给予高评价值 EVALUATION800，而该司法产品被给予的实际最高评价值只有 EVALUATION 500。考虑到当事人给予司法产品的实际最高评价值为 EVALUATION 500，法官只会提供质量 TIME 更低的司法产品。如此循环，当事人会进一步调低对司法产品质量的预期，给予 EVALUATION 更低的司法评价，法官也只会进一步提供质量 TIME 更低的司法产品，这一过程的持续最终导致质量相对较高的司法产品越来越少。与一般商品市场模型中逆向选择效应最终导致市场交易量为零不同的是，在首次离婚诉讼案件质量连续均匀条件下的模型中，诉讼程序仍在持续运转，但是有利于实际解决矛盾纠纷的机制已经起不到应有作用，法官依照法定程序办理案件时的实质审判效率可能还会下降。值得注意的是，此时的审判活动低效与结案数量高、结案周期短并存；结案量多和办案周期短并不一定能够完全证明审判效率高；结案量增多和办案周期缩短也并不一定能够完全证明审判效率提高。

在案件质量连续均匀条件下，当当事人的司法评价值在

EVALUATION200 与 EVALUATION800 之间变化时，法官在审判活动中提供的司法产品质量 TIME 会随着评价值的变化而变化，且法官愿意提供的司法产品质量处于 $TIME_{mix}$ 与 EVALUATION 之间。由此，在首次离婚纠纷案件中，司法产品的平均质量与评价值之间就有了一种对应关系，可用公式表达为：

$$E[TIME \mid EVALUATION] = 0.5TIME_{mix} + 0.5EVALUATION$$
$$= EVALUATION\ 100 + 0.5EVALUATION \quad (4-4)$$

在上述式（4－4）中，EVALUATION 的具体评价值是始终处于 EVALUATION200 与 EVALUATION800 之间的。从供给和需求曲线的角度来说，在目前的审判活动模型中司法产品的均衡评价值是在 EVALUATION200，即相对低质量的司法产品更容易进入诉讼过活动中。

上述案件质量连续均匀条件下的模型初步验证了：当法官提供的司法产品质量在 $TIME_{max}$ 与 $TIME_{mix}$ 之间连续均匀分布时，因为法官的优势信息和当事人的劣势信息关系，当事人会按照司法产品的平均质量进行评价，法官提供高质量司法产品的激励逐渐减弱；在法官与当事人数次调整预期后，法官会倾向于减少提供高质量的司法产品。也就是说，法官在首次离婚纠纷案件中具有信息优势，优势信息没有全部转化为法官获得更高当事人评价的基础，在信息不完备、不对称的条件下，法官的审判工作价值得不到对应的认可，法官持续输出高质量司法产品的激励机制渐弱。

相应的审判实践可以表现为：法官基于法律公共信息产生的预期发生了改变，即从主要搜寻“认定婚姻关系是否确已破裂的信息”转化为了主要搜寻“可能证明婚姻关系尚未破裂或者尚需存续的信息”，再“判决驳回原告诉讼请求或者动员原告撤诉”，进而导致了法官在首次离婚纠纷案件中“不判离”的现象。至此，法律公共信息作为替代性产权配置模式在首次离婚纠纷案件中没有完全发挥作用，法律公正和效率价值的实现在部分案件和部分程序中受到了一定程度影响。

三、基础模型的拓展解释

案件质量连续均匀和非连续均匀条件下的两个基础模型能够直接简要地说明法官在首次离婚纠纷案件中的逆向选择行为。诚然，设定假设条件的基础理论模型与现实审判活动是存在一些差距的。接下来，将对基础模型加以进一步解释并说明其实际运用的价值。

第一种模型拓展：在首次离婚纠纷案件中，法官并不是对所有的案件“不判离”，法官对部分案件以判决或者调解的方式作出了实质性的处理，当事人之间的矛盾也得到了有效缓解或者全部化解，不一定会出现低质量 $TIME_{mix}$ 司法产品和低评价值 EVALUATION200 的情况。

关于第一种模型拓展的解释是:(1)在基本模型中,假设了法官和当事人对司法产品质量与司法产品评价值的对应关系、衡量标准是认识一致的。但是,在首次离婚纠纷案件中,法官与原告对司法产品质量与司法产品评价值的对应关系、衡量标准不可能是完全一致的,有时候原告给予司法产品的评价值会更高一些。例如,一件离婚纠纷案件对于法官而言是其需要同时处理的上百件离婚纠纷案件中的一小部分,法官一般没有轻重缓急的个案考量,只需要按照标准流程进行处理,每一件案件的处理质量会保持在相对稳定的水准。但是,一件离婚纠纷案件对于原告而言却不是这样——原告会始终集中精力、事无巨细地应对与自己相关的离婚纠纷案件,通过解决离婚纠纷让自己的生活回归正常,修复受损的人身关系和财产关系对于原告而言更具有重要现实价值。因此,原告对于与自己相关的离婚纠纷案件会有更高的心理预期、也肯给予更高的评价值。此时,式(4-1)中法官的效用 U_{judge} 会更大一些,式(4-4)中司法产品的均衡评价值会大于EVALUATION200,这有利于法官对一部分首次离婚纠纷案件进行实质处理。此外,在部分案件中,如果案件存在六种主要离婚情形或者当事人之间的关系过于紧张甚至达到了引发恶性事故的程度,法官会在查明事实和论证说理的基础上坚决判决离婚,这样可以防止式(4-2)中原告的效用 $U_{litigant}$ 降得过低。(2)在基本模型中,假设了法官之间对司法产品质量与司法产品评价值的对应关系、衡量标准是认识一致的。

但是,在首次离婚纠纷案件中,基于对离婚纠纷的理念认识、价值判断、心理预期、处理方式等多方面的差异,法官之间对司法产品质量与司法产品评价值的对应关系、衡量标准不可能是完全一致的。例如,“直觉和感性元素”[①]影响着法官的裁判思维和结果,女性法官和男性法官对于离婚纠纷案件的处理方式有一定差异,有的女性法官更加看重女性权益保障和子女健康抚养等事项的处理情况,尤其对于没有完全、现实地处理好子女抚养问题的纠纷绝不会轻易判决离婚;而有的男法官则更加看重夫妻感情维系的现状和离婚后各种财产利益的划分,尤其对于“男方净身出户调解协议”等类似纠纷解决方式呈保留态度。此时,女性法官和男性法官对于式(4-1)中法官的效用 U_{judge} 会产生不同的感受,式(4-4)中司法产品的均衡评价值会出现波动。(3)在基本模型中,假设了当事人尤其是原告之间对司法产品质量与司法产品评价值的对应关系、衡量标准是认识一致的。但是,在首次离婚纠纷案件中,基于婚姻法律知识、法律理解水平、个人应诉能力、诉讼后果判断等多方面的差异,当事人之间对司法产品质量与司法产品评价值的对应关系、衡量标准不可能是完全一致的。例如,民事代理制度会造成不同当事人之间差异性,即随着律

---

① [南非]奥比·萨克斯:《断臂上的花朵:人生与法律的奇幻炼金术》,陈毓奇、陈礼工译,广西师范大学出版社 2014 年版,第 45~55 页。

师职业的变迁与发展,[①]当事人更加了解审判活动的规律和行情。通过律师的专业服务技巧和经验,当事人能够更好地说明实情,说服法官并给予司法产品以更加特定化、合理性的评价值,从而减少当事人只单纯依照司法产品平均质量给予评价值、增大司法产品被按质论价的可能性,信息不完备、不对称问题在一定程度上得到了缓解。此时,式(4－2)中原告的效用 $U_{litigant}$ 会更加客观,式(4－4)中司法产品的均衡评价值会大于 EVALUATION200,这有利于激励法官对部分首次离婚纠纷案件进行实质处理。(4)在基本模型中,假设了只有法官与当事人处于首次离婚诉纠纷的审判活动中,判决或撤诉的主动权主要分别由法官和原告所有。也就是说,基础模型针对的是法官处理当事人双方之间的感情问题,针对的是夫妻双方之间的人身关系以及相关财产关系。但是,在实际案件中,原被告双方的矛盾可能正处于发酵期或者高峰期,夫妻矛盾往往掺杂当事人双方家属的态度。此时的案件就会出现更多复杂、不可控制的因素,并对法官、双方当事人的行为选择产生较大影响。例如,在有的案件中,当事人父母之间矛盾十分尖锐并坚持双方离婚,这对当事人双方的婚姻存续、感情修复、离婚态度造成直接影响,法官在审判实践中也会充分

① See Li Xueyao & Cheng Jinhua, *Structural Constraints on Legal Change: Chinese Lawyers in the Interaction between the State, the Market and Society*, Social Sciences in China, Vol. 1, p. 73－74(2013).

考虑当事人家庭双方的积怨程度等因素进行判决。此时,式(4－1)中法官的效用 U_{judge} 和式(4－2)中原告的效用 $U_{litigant}$ 会因为附加了额外的变量值而同时提升,式(4－4)中司法产品的均衡评价值也会大于 EVALUATION200。

第二种模型拓展:在首次离婚纠纷案件中,法官对大部分案件“不判离”;但是,法官依然需要对该类案件进行必要的简单处理,较少有当事人因此上诉或者信访,部分法院受理的离婚纠纷案件数量有增无减,诉讼仍然是当事人解决婚姻纠纷的通常方式之一。

关于第二种模型拓展的解释是:(1)首次离婚纠纷案件一旦进入法院,法官与当事人之间的特定关系就已经形成并按照法律的规定共同推进诉讼程序。鉴于法院受理案件后,法官不能推辞审理案件,当事人可以利用第二次离婚诉讼达成其目的,于是法官和当事人之间可以选择进行不得不审、不得不诉、但相对低价值的首次诉讼活动。需要说明的是,在这一过程中,法官并不会过多审查案件事实信息。因为随着法庭调查程序的深入,法官与当事人从事前的信息不对称转化为了事后信息不对称,此时法官如果仍然对案件不作出实质处理,就需要承担事后信息不对称的职业道德风险而不是事前信息不对称的逆向选择风险。在司法责任制的约束下,前一种情形需要法官承担不依据法律和事实办理案件的司法责任风险,而后一种情形则不一定会。(2)在基础模型中,设定的审判活动是首次离婚纠纷案件,不涉及上诉和信访程序,鉴于实践中一审法官的判决驳回结果大部分都会被二审法官维持,而当事人大多会默认同意首次离婚纠纷案件中“不判离”的现象。(3)在基础模型中,设定的审判活动是首次离婚纠纷案件,不适用于第二次离婚纠纷案件。鉴于第二次诉讼中法律程序和司法惯例的约束,诉讼程序作为化解离婚纠纷矛盾的方式仍然是有效的。一方面,正是因为有法官判决驳回起诉后6个月可再次诉讼、实质审查以及相关其他约束性条件等程序,才使得首次离婚纠纷案件的整个处理过程可以变成一个事前程序以及信息不对称的真空实验室,即在首次离婚纠纷案件中,当事人和法官对于信息不对称有充分的行为选择空间。另一方面,在第二次离婚纠纷案件中,虽然法官同样具有强大的信息优势,但是在正式和非正式制度的约束下,其进行行为选择与调整的空间变得很小;除非因为个别特殊情况,法官大多会判决当事人双方离婚。例如,按照《民法典》第1079条的规定,首次离婚纠纷案件被判决不准予离婚后,当事人双方分居满一年再次提起诉讼的,“应当”准予离婚,这强化了对法官行为的刚性约束。以上两个方面说明,诉讼仍然是当事人解决婚姻纠纷的通常方式之一;同时,法院受理的部分离婚纠纷在法院须起诉两次,这部分案件数量会成倍增加。综合以上情况还可以发现,与一些法学理论研究将第二次提起离婚程序看成是为当事人双方提供再次慎重考虑机会的观点相比,上述论证对首次离婚纠纷案件中“不判离”现象作出了大相径庭的解释,即第二次提起离婚诉讼为首次离婚纠纷案件中法官和当事人的选择行为均提供了充分的博弈空间。

第三种模型拓展:通过司法体制改革,法官的政治素质、业务能力和责任意识都有所增强,法院的各项制度机制为审判权力依法运行提供了更加有效的保障,这对规范法官行为起到了促进作用,包括离婚纠纷在内的整体诉讼案件质量会得到提升。①

关于第三种模型拓展的解释是:在基本模型中,将法官个人素质能力和审判权运行机制设定为一个不变的函数。但是,在法院队伍素质不断增强以及审判权监督管理机制更加健全的情况下,法官对司法产品质量与司法产品评价值的对应关系、衡量标准也会发生变化,法官会进一步增强实质性处理首次离婚纠纷案件的意识。近年来,随着司法体制改革从四项基础性改革过渡到综合配套改革,一系列重要措施以司法责任制为牵引,对法官个人观念和能力、审判权行使方式、

---

① 党的十八大以来,最高人民法院制定印发了一系列推进司法责任制改革的文件,例如,2015 年《关于完善人民法院司法责任制的若干意见》,2016 年《关于建立法官、检察官惩戒制度的意见(试行)》,2017 年《关于落实司法责任制完善审判监督管理机制的意见(试行)》,2018 年《关于进一步全面落实司法责任制的实施意见》,2019 年《关于健全完善人民法院审判委员会工作机制的意见》和《关于完善人民法院审判权力和责任清单的指导意见》,2020 年《关于深化司法责任制综合配套改革的实施意见》,2021 年《关于完善人民法院专业法官会议工作机制的指导意见》。参见最高人民法院政治部、最高人民法院司法改革领导小组办公室编:《人民法院全面落实司法责任制读本》,人民法院出版社 2021 年版,第 63 ~ 65 页。

办理案件实际效果均提出了更高要求。特别是法官个人品行鉴定、司法绩效考核等约束手段，激励法官提供质量TIME更高的司法产品。当正式和非正式制度对司法产品的质量TIME作出了约束性要求时，当事人给予司法产品高司法评价的可能性增大，式(4-1)中法官的效用U_{judge}结果则会发生相应的变化。值得注意的是，通过比较2013~2015年与2016~2018年两个期间首次离婚纠纷案件样本数据可以发现，法官加大了调解和动员撤诉的力度，说明法官加强了实质处理案件的力度、增强了调解制度的运用；同时，法官在部分案件中不判决离婚的倾向没有大的改变，也就是说信息不完备、不对称的环境没有发生改变，法官的逆向选择行为在首次离婚纠纷案件中仍然存在。

以上论证对案件质量连续均匀和非连续均匀条件下两个基础模型进行了拓展，分别就法官、当事人、案外人对司法产品质量与司法产品评价值关系的差异化认识和行为结果以及第二次离婚诉讼、上诉、信访、法官员额制、司法绩效考核等因素对法官行为的影响进行了附加解释。这就是基础模型的价值，在设定相关条件后具有一定的抽象性，但是可以进行条件的重新设定。通过对诉讼活动中的不同条件进行重新设定，基础模型出现了上述三种扩展运用，理论模型与审判实践就更加接近了。如果需要考虑审判中的更多实际情况，可对基础模型进行再扩展。不可忽视的是，在首次离婚纠纷案件中，信息不对称现象始终存在，基本模型所抽象展示的审判状况也依然存在;现有的诉讼程序为法官和当事人的行为选择提供了改变个人预期、推迟实质处理案件的环境,部分诉讼活动中的审判效率损失现象无法避免。

第三节 首次离婚纠纷案件中法官逆向选择行为的影响

在首次离婚纠纷案件中,信息不完备、不对称导致了法官的逆向选择行为,部分诉讼活动无法在首次离婚纠纷案件中被处理,这些案件需等到第二次离婚纠纷案件时被处理,审判效率遭受了损失。

为了进一步研究法官的逆向选择行为对审判效率的直接影响程度,可以构建一个理论模型:

$$Time_i = \beta_0 + \beta_1 IA_i + \sum_{k=1}^{n} (\alpha_k Control_{k,i}) + \varepsilon_i \quad (4-5)$$

其中, $Time_i$ 表示第 i 个法官的审判效率, IA_i 表示第 i 个法官相对于当事人的信息优势, $Control_i$ 表示影响第 i 个法官审判效率的其他因素。法官审判的信息优势程度主要基于法官的测试问答和个人背景情况;鉴于纠纷解决时间的长短还与案件本身有关,因此案件客观数据将作为控制变量予以考虑。

样本七:某省(直辖市)40 名基层法官及其承办的 1 件被告不同意离婚的首次离婚纠纷案件情况;并通过询问交流、案件文书、调查问卷收集了法官个人和审理案件的情况。关于法官的测试问答包括 5 个问题:问题 1:诉讼请求可能包括解除婚姻、抚养子女以及抚养费、查明家庭财产并进行分割、认定夫妻共同债务、要求对方损害赔偿等多项诉讼请求,是否向当事人指引审查的重点和步骤? 选项:全面告知;多数告知;一般告知;较少告知;极少告知。问题 2:是否在庭审中向当事人强调解除婚姻关系的标准? 选项:全面告知;多数告知;一般告知;较少告知;极少告知。问题 3:是否限制非法律信息进入审查婚姻关系破裂的过程? 选项:全面限制;较多限制;一般排除;较少排除;不限制。问题 4:是否能排除自身非理性因素在判断婚姻关系破裂时的影响?[①] 选项:全面排除;多数排除;一般排除;少数排除;不排除。问题 5:在判决时除了引用法条之外是否详细阐明理由和标准? 选项:全面说明;较多说明;一般说明;较少说明;不说明。其中,每个问题的 5 个选择项从前至后依次被设计为 1 ~ 5 分。下面是数据收集结果的示例。需要说明的是,某省(直辖市)的整体案件量和涉案财产数量 般较多,这决定了案件办理周期有其地域特

---

① 法官决策或曰法律获取程序中一贯萦绕着理性和非理性要素。参见[德]阿图尔·考夫曼:《法律获取的程序——一种理性分析》,雷磊译,中国政法大学出版社 2015 年版,第 16 页。

点,全国范围内案件的总体办案情况与其存在差异是正常现象,但这并不影响命题的论证过程。

示例1:1号法官,女,38岁,已婚,硕士,问卷得分为5、3、4、2、3分;案件审理情况为第1次诉讼判驳、第2次诉讼判离、解决纠纷总时长337天,审查证据包括结婚证、出生证,第1次判驳理由是夫妻感情未破裂;原告女,36岁,满族,北京户籍,诉讼请求离婚、抚养权、分割财产;被告男,35岁,满族,北京户籍;当事人双方有一子4岁;当事人有律师。

示例2:12号法官,女,43岁,已婚,硕士,问卷得分为5、2、3、2、5分;案件审理情况为第1次诉讼判驳、第2次诉讼判离、解决纠纷总时长493天,审查证据包括结婚证,第1次判驳理由是基于家庭稳定考虑;原告女,70岁,汉族,北京户籍,诉讼请求离婚、分割财产;被告男,71岁,汉族,北京户籍;当事人双方子女成年;当事人有律师。

示例3:22号法官,男,35岁,未婚,硕士,问卷得分为3、3、3、2、5分;案件审理情况为第1次和第2次诉讼均判驳、第3次诉讼判离、解决纠纷总时长500天,审查证据包括结婚证、出生证,第1次判驳理由是夫妻感情未破裂;原告男,40岁,汉族,北京户籍,诉讼请求离婚、抚养权、分割财产;被告女,41岁,汉族,北京户籍;当事人双方有一子16岁;当事人有律师。

示例4:39号法官,女,44岁,已婚,硕士,问卷得分为2、3、1、2、1分;案件审理情况为第1次诉讼判离、解决纠纷总时长 111 天，审查证据包括结婚证、出生证、房产和车辆产权证、存单、光盘，第 1 次判离理由是同居；原告女，32 岁，汉族，北京户籍，诉讼请求离婚、抚养权、分割财产；被告男，46 岁，汉族，北京户籍；当事人双方有一女 4 岁；当事人有律师。

关于上述调查数据有如下描述性统计，见表 4－3：

表 4－3　数据的描述性统计

变量	样本数	均值	标准差	最小值	25 分位	中位数	75 分位	最大值
解决纠纷总时长（天）	40.00	335.73	110.25	56.00	307.50	334.50	392.50	552.00
问题 1 分值	40.00	3.53	1.13	1.00	3.00	4.00	4.00	5.00
问题 2 分值	40.00	2.80	0.85	1.00	2.00	3.00	3.00	5.00
问题 3 分值	40.00	3.08	1.16	1.00	2.50	3.00	4.00	5.00
问题 4 分值	40.00	2.88	0.88	1.00	2.00	3.00	4.00	4.00
问题 5 分值	40.00	3.23	1.05	1.00	3.00	3.00	4.00	5.00
问卷总分值	40.00	15.50	3.34	7.00	14.00	16.50	18.00	20.00
法官年龄（岁）	40.00	39.18	5.13	31.00	35.00	39.00	42.50	51.00
法官性别（男＝1，女＝0）	40.00	0.43	0.50	0	0	0	1.00	1.00
法官婚姻（已婚＝1，未婚＝0）	40.00	0.83	0.38	0	1.00	1.00	1.00	1.00
法官学历（本＝1，硕＝2，博＝3）	40.00	1.85	0.43	1.00	2.00	2.00	2.00	3.00
原告年龄（岁）	40.00	38.88	11.50	21.00	31.50	36.50	43.00	70.00

续表

变量	样本数	均值	标准差	最小值	25 分位	中位数	75 分位	最大值
原告性别(男 = 1,女 = 0)	40.00	0.38	0.49	0	0	0	1.00	1.00
原告户籍(京籍 = 1,非京籍 = 0)	40.00	0.90	0.30	0	1.00	1.00	1.00	1.00
被告年龄(岁)	40.00	39.33	10.92	22.00	31.50	39.00	44.00	71.00
被告户籍(京籍 = 1,非京籍 = 0)	40.00	0.85	0.36	0	1.00	1.00	1.00	1.00
诉讼请求(仅离婚 = 0,其他 = 1)	40.00	0.80	0.41	0	1.00	1.00	1.00	1.00
证据认定数量(件)	40.00	2.15	1.14	1.00	1.00	2.00	2.00	6.00
一审起诉次数(次)	40.00	1.93	0.42	1.00	2.00	2.00	2.00	3.00
是否有子女(有 = 1,无 = 0)	40.00	0.80	0.41	0	1.00	1.00	1.00	1.00
是否有律师(有 = 1,无 = 0)	40.00	0.50	0.51	0	0	0.50	1.00	1.00

注:解决纠纷总时长是指从当事人首次起诉到一审判决离婚的总天数。法官测试问答中,每个问题的分值越低表示法官的自由裁量权越小,信息优势越小;分值越高,法官的信息优势越大。在离婚案件中,当事人的诉讼请求越多,审理时间就越长;法官实际审查的证据越多,需要对证据进行认定的信息越多,法官的信息优势越小。离婚诉讼中当事人如果委托诉讼律师,则会使法官的信息优势变小。

关于上述调查数据有如下回归结果，见表4－4：

表4－4　数据的回归结果

类别	基于总分值	基于问题1	基于问题2	基于问题3	基于问题4	基于问题5
问卷分值	9.65* (4.93)	4.32 (9.71)	6.92 (11.46)	9.51 (10.03)	12.63 (14.18)	24.44 (15.37)
法官年龄	0.95 (2.16)	1.56 (2.29)	1.79 (2.29)	1.87 (2.27)	0.99 (2.37)	0.42 (2.31)
法官性别	－19.59 (15.97)	－14.59 (16.91)	－16.04 (17.01)	－17.22 (16.89)	－14.69 (16.71)	－16.16 (16.18)
法官婚姻状况	4.03 (24.33)	0.16 (26.23)	－0.78 (25.87)	0.94 (25.69)	－6.35 (26.14)	2.03 (24.86)
法官学历	28.27 (24.22)	3.20 (21.81)	7.54 (23.75)	7.96 (22.21)	7.34 (22.18)	5.84 (20.57)
原告年龄	－4.38* (2.40)	－4.61* (2.60)	－4.02 (2.66)	－4.26 (2.55)	－5.05* (2.63)	－4.21 (2.46)
原告性别	14.49 (19.68)	1.543 (21.95)	－3.08 (18.59)	－1.70 (18.48)	－2.90 (18.43)	4.81 (18.57)
原告户籍	0.14 (31.18)	－30.40 (28.91)	－31.34 (27.99)	－20.37 (30.91)	－35.93 (27.46)	－9.481 (30.65)
被告年龄	7.48*** (2.58)	7.25** (2.77)	6.75** (2.81)	7.09** (2.72)	7.98** (2.90)	6.89** (2.64)
被告户籍	2.37 (22.46)	－4.56 (23.80)	－7.91 (24.42)	－4.78 (23.47)	7.23 (26.90)	4.40 (23.39)
诉讼请求	－1.19 (27.81)	13.44 (29.00)	9.96 (29.07)	2.96 (30.16)	12.28 (28.55)	4.60 (28.02)
证据认定数量	－28.84** (11.28)	－38.81*** (10.71)	－38.46*** (10.70)	－36.42*** (10.94)	－39.04*** (10.44)	－30.60** (11.57)
一审次数	131.40*** (31.24)	158.70*** (30.21)	163.70*** (28.69)	157.50*** (28.89)	155.50*** (29.57)	131.20*** (33.91)
是否有子女	23.26 (25.96)	24.55 (27.85)	25.01 (27.78)	30.40 (28.20)	15.57 (29.18)	18.50 (26.84)
是否有律师	7.45 (16.50)	8.19 (17.81)	7.64 (17.64)	3.88 (17.81)	9.36 (17.63)	6.15 (16.92)
常数项	－241.9 (150.20)	－72.02 (130.20)	－97.43 (142.60)	－118.70 (139.90)	－74.12 (124.70)	－77.59 (119.50)

续表

类别	基于总分值	基于问题1	基于问题2	基于问题3	基于问题4	基于问题5
样本数	40.00	40.00	40.00	40.00	40.00	40.00
F值	15.06	12.88	12.98	13.30	13.23	14.27
拟合优度	0.904	0.889	0.890	0.893	0.892	0.899

注:括号内是标准误,＊＊＊表示 $p<0.01$,＊＊表示 $p<0.05$,＊表示 $p<0.1$

根据回归结果,关于法官行为主要有以下结论:(1)基于总分值,法官的信息优势与解决纠纷总时长具有显著正相关关系,与审判效率具有显著负相关关系;基于各个问题单独的分值,这种关系却并不显著。这说明法官的信息优势是一个各方面积累的过程,只有一方面的信息优势并不足以影响审判效率,只有多方叠加才会产生综合性实质影响。(2)法官的个人背景并不会显著地影响审判效率。(3)证据审查的数量与审判效率具有显著正相关关系,即法官实际审查的证据越多,需要对证据进行认定的信息越多,法官的信息优势越小,卸责的机会越小,法官倾向于越快审结。(4)所有回归结果的拟合优度均在90%左右,说明模型设定和变量选取对审判时长具有较大的解释力,即法官的信息优势可促使首次离婚纠纷案件不判离的现象加剧,并在一定程度上对审判资源和审判效率造成影响。

论证至此,与上述结论直接关联的核心问题是:在离婚纠纷案件中,效率与公正是什么关系?效率如何对公正形成影响？效率对公正能造成什么样的影响？

第一，在部分包括财产争议的首次起诉离婚案件中，法官在调解和庭前程序里可能将不予离婚预设为案件处理的结果，对夫妻感情是否确已破裂较少进行实质判断、对夫妻财产的现状与分配较少进行深入的法庭调查。由此造成的隐患是，被告在第一次离婚纠纷案件后即可能恶意转移财产或扩大不当消费，待6个月后原告再次起诉离婚时，被告可能已将部分财产转移处置完毕或者利用时机形成新的对外债务关系。在第二次离婚纠纷案件中，如果原告和被告的实际财产和债权债务基数发现了变化，原告维护其财产权益的成本可能增大。此外，在对未成年子女归属有争议的首次离婚纠纷案件中，未成年子女的相关财产性权益容易受到损害；并且，囿于父母之间婚姻危机的持续，未成年子女的感情始终处于不稳定、受伤害的状态。

第二，对于《民法典》第1079条明确规定的主要离婚情形，特别是在以家庭暴力、精神虐待等为理由提起的离婚案件中，当受害方在婚姻存续期间遭受到了伤害，首次提起离婚诉讼但被告不同意时，法官应基于法律的约束规定对案件进行实质审查。然而，在部分案件中，法官可能在思维和行为上保持“不判离”的惯性，进而影响其认定当事人提交证据的精准度、干扰其对受害方再次受到伤害的判断。在行为方式上表现为，有的法官积极搜寻可能维系婚姻关系的有效信息，并通过做双方当事人的工作、对加害方进行批评教育等方式降低原告坚持判决离婚的意愿。[①] 这在一定程度上提高了首次离婚纠纷案件中支持原告诉讼请求的司法认定标准，并可能降低伤害事由离婚案件中“医疗诊断证明”“拘留证明”等证据的实际效力。

第三，对于《民法典》第1079条规定的“其他导致夫妻感情破裂”情形，在首次离婚纠纷案件中，法官的逆向选择行为加重了当事人应付首次离婚诉讼的心理，弱化了当事人在首次离婚纠纷案件中积极开展诉辩、提交关键证据、争取实质处理并实现诉讼目的的预期。尤其是在首次离婚纠纷上诉后，二审法官主要对法律适用情况进行审查，很难认定一审法官适用法律的理由是错误的，基本上对一审法官的处理是维持的态度，逆向选择效应无法通过审级进行纠正，审级监督存在一定的盲点；更加值得注意的是，借助二审的审判效力，一审时的逆向选择效应反而得到了进一步固化。事实上，部分首次离婚诉讼案件已经异化为了第二次离婚纠纷案件前的“首次备案”环节。鉴于首次离婚诉讼也要经过立案、送达、开庭、调解、判决、撤诉等相关程序，由此不可避免造成部分首次离婚纠纷案件的程序空转和资源浪费。

第四，在司法体制改革的背景下，人民法院启动了式(4-3)

① 在离婚纠纷中，维系家庭自治与公力介入的平衡是一项重要原则。一般情形下，在婚姻关系难以维系时，最好的处理方式是双方平等协商；但是，在家庭暴力、精神虐待等情形下，公权力的及时有力介入显然是避免更大损失的必要手段。参见孙若均：《离婚救济制度立法研究》，载《法学家》2018年第6期。

中诸如提升人员素质、强化调解、增强考核、智能措施等一系列提升审判效率的举措，这在一定程度上缓解了首次离婚纠纷案件中的逆向选择效应，但监管效果还不够十分明显。在现实的审判活动场景中，法官逆向选择行为及其影响并不是纯粹法学思维和知识能够充分认识并加以解决的。从法学的角度讲，“不判离”的可能解释是这种“模式”创造了离婚前的冷静期，这有利于促进家庭和社会矛盾的化解。然而，应当认识到的实际情况是，被起诉到法院的大部分离婚纠纷经过家庭、邻里、社区的劝解已经逐步脱离了所谓的“冷静期”，大部分“不判离”案件会再次回到法院进行第二次诉讼，不应由本就紧张的诉讼资源过分承担所谓“冷静期”成本，家事审判中关于“冷静”修复婚姻家庭关系的职能不能被简单处理为“不判离”的形式结果。[1] 并且，少数未进行第二次诉讼的案件也不能证明是首次“不判离”发挥了实际作用。

第五，部分首次离婚纠纷案件中存在的法官“不判离”现象可能造成对严格公正司法精神的损害。对比当事人第二次提起离婚纠纷的情形，在正式和非正式制度的约束下，虽然法官也具有强大的信息优势，但是其进行行为选择与调整的空间较小，实践中法官会严格审查各项证据，多数会判决当事人

① 一般来说，诉讼过程中的“冷静期”制度设置需要当事人同意且冷静期间不计入审限，与本文中的“不判离”现象可谓大相径庭。参见刘德权总主编、王松主编：《最高人民法院司法观点集成（新编版）》（民事卷Ⅴ），中国法制出版社2017年版，第2894页。

双方离婚。这与首次离婚纠纷案件中法官处理案件的过程和结果有着巨大差异,同时支撑了一个事实的存在,即在首次离婚纠纷案件中,法官确实拥有可审可不审、可多审可少审、可判可不判、可判离可不判离的“始终不为错”选择行为。[①] 这种法官选择行为与自由裁判权属于截然不同的范畴和截然不同的性质,前种行为方式有违“法官不能拒绝裁判”[②],“迟来的正义非正义”,“在法律空间中寻求最佳处理效果”等司法理念。

由此可以发现,在诉讼案件中,效率和公正不是并列的关系,更不是割裂的关系,效率价值内涵于、服务于公正价值。“法官在法律空间中对诉讼程序、实体标准、案件证据、司法政策、社会观念等信息的判断、选择、运用是否达到了最佳处理效果”构成了审判效率的核心内容,而不仅是统计数据。在这个意义和状态上,法官行为成为审判效率的核心范畴,法官行为是审判效率的主要基准;此时,法官行为的效率越高则审判效率越高,审判效率越高则审判越公正,审判效率与公正可实现完全统一。值得关注的是,《民法典》第 1079 条规定,

---

① 黄宗智:《经验与理论:中国社会、经济与法律的实践历史研究》,中国人民大学出版社 2007 年版,第 379 页。

② 有学者将“不得拒绝裁判”的情形归纳为按规定立案与受理、保障当事人诉讼程序、不得无故拒绝作出实体判决。参见范伟:《“法官不得拒绝裁判”原则的逻辑再造:从绝对性到相对性》,载《政法论坛》2021 年第 1 期。从本文来看,“不得拒绝裁判”应当包括更多情形,例如不得无故拒绝对案件进行实质性审理、造成权利保护滞后和司法资源浪费。

经人民法院判决不准离婚后,双方又分居满一年,一方再次提起离婚诉讼的,应当准予离婚。这一正式制度部分限缩了审判活动中私人信息和行为选择的空间,对第二次仍不判离的情形进行了一定约束并建构了民法典实施前后对比研究的政策实验场景,但仍未对大量首次不判离的情形进行必要约束。法典的颁布绝不是法律本身的终结,而恰恰是其具有了“新的起点”[1]。

① 孔祥俊:《司法哲学》,中国法制出版社 2017 年版,第 61 页。

第五章　科层监督活动中法官行为的效率限度

本章将聚焦诉讼活动中的关键角色——法官及其行为，并通过考察法院科层中“正式”个案监督机制的潜在风险，尝试对法院科层中的相关效率问题开展实证研究。

第一节　对法院科层中个案监督现状的观察

一、具有信息传递功能的法院科层制度

世界上几乎不存在不被设计为层级的组织，法律的执行也是通过科层来完成的。[①] 个案监督实质上是法官利用信息

① ［美］盖瑞·J. 米勒：《管理困境：科层的政治经济学》，王勇、赵莹等译，格致出版社、上海三联书店、上海人民出版社2014年版，第20～140页。

资源生成替代性权利配置模式在科层结构中的必要延伸。法院科层是解决审判权运行中信息不完备、不对称问题的有效手段，即科层将信息不完备、不对称所导致的谈判决策问题内部化，寄期望于法院通过特定的组织结构和各种监督管理形式来缓解案件分配、裁判尺度、难案处理、政策实施、办案效率等一系列相关问题，将法官协调合作行为的效益最大化。

关于我国法院的科层设置主要体现在两部法律中：(1)在人民法院的整体机构体系上，《人民法院组织法》第12条、第13条、第14条将人民法院分为最高人民法院、地方各级人民法院、专门人民法院，其中地方各级人民法院又分为高级人民法院、中级人民法院、基层人民法院，另在新疆生产建设兵团设立了人民法院。在人民法院内部审判组织上，《人民法院组织法》第29条、第34条、第35条、第36条分别对法官、合议庭、人民陪审员、赔偿委员会、审判委员会进行了设置；该法还规定合议庭由一名法官担任审判长、审判长主持庭审和组织评议案件，合议庭应当执行审判委员会的决定等。在人民法院的人员组成上，《人民法院组织法》第40条规定由院长、副院长、审判委员会委员和审判员等人员共同组成；该法还规定了副院长、审判委员会委员、庭长、副庭长和审判员的任免程序；但是，该法除了就院长监督本院审判工作和管理本院行政事务、副院长协助院长工作、法官助理和书记员各自负责审判辅助事务进行规定外，没有对其他组成人员的职权进行明确规定。(2)在法官的人员组成上，《法官法》第2条规定法官包括院长、副院长、审判委员会委员、庭长、副庭长和审判员。除了履行案件审判职责,《法官法》第 9 条规定院长、副院长、审判委员会委员、庭长、副庭长还需要履行与其职务相适应的职责。在法官等级上,《法官法》第 26 条规定法官实行单独职务序列管理,将法官分为十二个等级。

从现行法律规定可以发现,就一个法院内部的审判机制而言,法院科层主要体现为三类纵向关系:审委会、合议庭、法官之间的纵向关系,院长、庭长与法官的纵向关系,不同等级法官之间的纵向关系。上述两部法律对人民法院的设置、组织、职权以及法官的权责、管理进行规定的同时,就科层结构下实际权力的运行留下了较大空间:(1)两部法律创设了两个层面的审判权行使主体。《人民法院组织法》第 4 条规定了人民法院依照法律规定独立行使审判权。《法官法》第 2 条规定法官是依法行使国家审判权的审判人员。可以发现,关于法官的审判权没有明确强调“独立”。(2)两部法律均没有对院长、庭长职务权责和权力范围予以规定,但是《法官法》第 8 条规定法官在职权范围内对所办理的案件负责。(3)在司法实践中,法官等级主要具有宣示、荣誉、工作年限、薪酬方面的意义,并不在具体审判组织和各种审判活动中发挥与监督审判权行使相关的功能。

当前法院科层结构的实际状态是,囿于“审理者裁判,裁判者负责”的原则,法官依法行使审判权并在职权范围内对办理的案件负责;其对个案审判的权力边界在一定程度上决定于院长、庭长进行监督的权力边界。这种思路符合《法官法》更加强调监督管理功能的定位——该法在立法目的中将“加强对法官的管理和监督”置于“维护法官合法权益，保障人民法院依法独立行使审判权，保障法官依法履行职责”之前；也符合目前司法体制改革中强调“放权不等于放任，信任不代替监督，既要有序放权，又要有效监督，要在二者的辩证统一中实现公正司法”的导向。也就是说，处于科层中的法官与院长、庭长始终在进行互动，互动方式涉及合作与冲突因素。[①]

假设上述法律和司法体制改革文件所涉及的公共信息均被知晓。对法官而言，其预期是应当依法行使审判权，积极接受院长、庭长对个案的监督，对符合条件的个案报请院长、庭长进行监督指导，有效提升案件质量。对院长、庭长而言，其预期是对法官审理的案件进行个案甄别、高效监督、积极指导，进一步保障案件质量的提升。这种预期的双向交集在法官与院长、庭长之间形成了特定的协调环境。值得深入观察和仔细研究的问题是，法官与院长、庭长在个案监督协调时是否会产生心理预期和行为选择的变化。

① Kim P. T., *Beyond Principal-Agent Theories: Law and the Judicial Hierarchy*, Northwestern University Law Review, Vol. 105:2, p. 535 - 575(2011).

二、个案监督机制的政策演变与潜在风险

接下来，笔者将对法官与院长、庭长在个案监督时基于私人心理预期作出的行为进行实证研究。在历次司法体制改革中，个案监管机制的相关政策规定发生了较大的变化，可以从历次司法体制改革中梳理个案监管机制的变迁过程。只有对构成个案监督过程的复杂要求有基本理解，才能建立更加科学的模型。[①]

从1999年至今，人民法院共发布了五个五年改革纲要，每一个五年改革纲要都会针对特定时期的审判工作情况对法官与院长、庭长之间的关系进行协调与规范，下一个纲要都会对上一个纲要中的相关规定进行必要完善与优化。（见表5-1）因此，每一次监督政策的变化都反映出当时改革所面对的现实难题。

① ［美］道格拉斯·C. 诺斯：《理解经济变迁过程》，钟正生、邢华等译，杨瑞龙、郑江淮校，中国人民大学出版社2013年版，第3页。

表 5－1　历次人民法院改革纲要关于法官与院长、庭长的职责关系规定

年份	重要改革文件	法官	院长、庭长
1999	一五改革纲要	强化合议庭和独任法官的职责；院长、庭长不得个人改变合议庭的决定	推行院长、庭长参加合议庭担任审判长审理案件的做法；完善审判工作中各项监督和制约机制
2005	二五改革纲要	建立法官依法独立判案责任制；逐步实现合议庭、独任法官负责制	强化院长、副院长、庭长、副庭长的审判职责；改革和加强人民法院内部监督和接受外部监督的各项制度
2009	三五改革纲要	加强合议庭和主审法官的职责；完善合议庭制度	建立健全院长、庭长的"一岗双责"制度，落实院长、庭长"一手抓审判、一手抓队伍"的双重职责
2015	四五改革纲要	落实审判责任制，做到让审理者裁判、由裁判者负责	明确院长、庭长与其职务相适应的审判监督职责，健全内部制约监督机制；规范院长、庭长对重大、疑难、复杂案件的监督机制
2019	五五改革纲要	全面贯彻"让审理者裁判，由裁判者负责"，强化独任庭、合议庭的法定审判组织地位	明确院长、庭长的权力清单和监督管理职责，健全履职指引和案件监管的全程留痕制度

梳理人民法院的改革进程发现，法官与院长、庭长的职责关系以及案件监督关系变化经历了几个阶段：

(1)第一个阶段，1988 年 7 月第 14 次全国法院工作会议正式全面启动了人民法院改革工作，当时的司法生态、审判过程、法官行为具有行政化、官僚化特征。如同世界各国、各地的司法制度，审判权的运行过程不可能缺少专业化、专门化的监督，我国法院也不例外。该时期的法院监管制度主要表现为一种保证和支持审判制度运行的法院行政管理制度及其他非正式制度。

（2）第二个阶段，1999年颁布的《人民法院第一个五年改革纲要（1999—2003）》规定，要强化合议庭和独任法官的职责，院长、庭长“不得个人改变”合议庭的决定。基于尊重司法规律的考虑，一些地方人民法院开始推行审判监管制度的改革试点，规范案件监管制度；充分发挥审判长作用，由合议庭审理裁判案件；推行院长、庭长参加合议庭并担任审判长审理案件的做法。同时，人民法院内部设立了独立于审判业务庭的监管部门，将监督与管理职能相区分，开启了人民法院审判管理制度改革的先河。

（3）第三个阶段，2005年颁布的《人民法院第二个五年改革纲要（2004—2008）》规定，要“进一步”强化院长、庭长的审判职责。随着第一个五年改革纲要的逐步推进，审判实践中出现了将审判监管“边缘化”的个别现象，其分散和灵活的审判权运行方式可能影响到法院的整体公正和效率。于是，该时期强调不断加强人民法院内部监督的各项制度，明确院长、庭长的审判管理职责和政务管理职责，完善对审判权、执行权运行的监督机制。

（4）第四个阶段，2009年颁布的《人民法院第三个五年改革纲要(2009—2013)》设置了“优化人民法院职权配置”专门一节,强调加强合议庭和主审法官的职责,但是未涉及院长、庭长的监管职责。由于第二个五年改革纲要在推进过程中出现了个别院长、庭长权力恣意扩张的新情况,所以新的改革纲要强调健全审判管理工作机制、规范审判管理部门的职能和工作程序。2010 年,全国大法官创新和加强审判管理专题研讨班进一步明确了审判管理的方法和工作内容。2011 年,最高人民法院起草《关于完善人民法院审判权与审判管理权运行机制的意见》并下发征求意见,同时附说明“审判管理权是指人民法院通过组织、领导、指导、评价、监督、制约等方法,对审判工作进行合理安排,对司法过程进行严格规范,对审判质效进行科学考评,对司法资源进行有效整合,确保司法活动公正、廉洁、高效运行的权力”。通过规范审判监督管理权,法官行使个案裁判权的权威性和规范性得以进一步提升。

(5)第五个阶段,2015 年颁布的《人民法院第四个五年改革纲要(2014—2018)》强调,要做到让审理者裁判、由裁判者负责,同时要健全院长、庭长的审判监督机制和审判管理机制。在前三个五年改革纲要实践的基础上,人民法院认识到主审法官、合议庭审判责任制与院长、庭长的审判监督制约机制并不是对立关系,不是非此即彼的关系。该时期主要强调了院长、庭长在审判办案职责之外,还应履行审判监督和审判管理职责。值得注意的标志性事件是,该时期首次提出落实审判责任制,做到让审理者裁判、由裁判者负责;首次明确了院长、庭长对重大、疑难、复杂案件有个案监督权和留痕制度;首次将两者的关系明确为“以审判权为核心、以审判监督权和审判管理权为保障”。

(6)第六个阶段,2019年颁布的《人民法院第五个五年改革纲要(2019—2023)》强调,要全面贯彻让审理者裁判、由裁判者负责,强化独任庭、合议庭的法定审判组织地位;同时,要求明确院长、庭长的权力清单和监督管理职责,健全履职指引和案件监管的全程留痕制度。第五个五年改革纲要继承和深化了上一个五年改革纲要的主要思路和措施,不断健全法官个案裁判权和院长、庭长个案监督权的行使制度,并强调两种权力的责任。在司法实践中,人民法院对院长、庭长的个案监督权行使范围、行使方式、履职责任进行了清单式规定。

可见,在前四个阶段,审判权运行机制或者主要依赖于法官,或者主要依赖于院长、庭长,比较注重单方发力、单方权责。在后两个阶段,审判权运行机制注重权力平衡,履行审判职责的法官与履行监督职责的院长、庭长形成了相互协调的个案监督关系,法官与院长、庭长需要在审判实践活动中“寻找个案监管的最佳均衡点”。

关于个案监管的公共信息主要体现在最高人民法院发布的《关于完善人民法院司法责任制的若干意见》《关于进一步全面落实司法责任制的实施意见》等文件规定中。(1)个案监督的具体类型。院长、庭长对可能影响社会稳定的涉及群体性纠纷案件,在社会上有重大影响的疑难复杂案件,与本院或者上级法院的类案判决可能发生冲突的案件,有关单位或者个人反映法官有违法审判行为的案件“四类案件”进行个案监督。在改革的实际操作过程中,大多数地方法院结合实际对个案监督制度的适用范围和案件类型进行了适当扩张和细化,需要纳入个案监管范围的案件类型更加多样。(2)个案监督的识别机制。主要包括“五种方式”:立案部门负责对涉及群体性纠纷、可能影响社会稳定等案件进行初步识别;承办法官在案件审理过程中发现“四类案件”后应当主动向庭长、分管副院长报告;审判长应当提醒承办法官将“四类案件”主动纳入监督管理;审判管理机构、监察部门等应当将审查发现的“四类案件”及时报告院长;此外,“四类案件”自动化识别、智能化监管正在持续探索之中,对于法官应当报告而未报告的,院长、庭长要求提交专业法官会议、审判委员会讨论而未提交的,由审判管理系统自动预警并提醒院长、庭长予以监督。(3)个案监督的监管方式。主要包括“六种措施”:院长、庭长对“四类案件”可以查阅卷宗、旁听庭审、查看案件流程情况、要求独任法官和合议庭在指定期限内报告案件进展情况、报告案件评议结果、提供类案裁判文书或者检索报告。(4)个案监管的处理结果。院长、庭长对独任法官、合议庭拟作出的裁判结果有异议的,可以决定将案件提交法官会议、审判委员会进行讨论,不得强令独任法官、合议庭接受自己意见或者直接改变独任法官、合议庭意见。

假设以上关于个案监督的公共信息不因个人原因而不被知晓。法官对公共信息作出的预期可以进一步具体化为,为减少自己承担司法责任的风险,对个案监督案件进行梳理排查,及时向院长、庭长报告基本案情、审理情况、评议结果以及检索报告,听取院长、庭长的个案监督意见,参加法官会议讨论,执行审判委员会的决定。院长、庭长对公共信息作出的预期可以进一步具体化为,积极审查需要进行个案监督的案件,听取法官报告,提出适当的监督处理意见。

然而,“四类案件”的具体成因、案情构成、作用方式、可能结果并不完全相同,应当针对不同类型案件的情况进行区别化分析:

第一,第一类可能影响社会稳定的涉及群体性纠纷案件被纳入个案监督的理由在于案件涉群涉众、舆情影响大。该类案件在受理之初就能通过社会媒体和立案系统进行识别、标注,法官对该类案件并不具有信息优势。通过调研2016—2020年人民法院公开报道的100件舆情案件发现,法院舆情源于传统媒体、网络媒体、微信、微博和客户端五个途径,其中2018年网络媒体舆情发酵来源首次超过传统媒体。法院舆情集中在涉贪腐、民生、名人知名机构、伦理道德底线、情理法冲突等热点案件,其中刑事案件数量占比77%,民事和行政案件数量占比23%,行政案件数量占比10%。由于上述案件受到广泛关注,法官会向院长、庭长充分汇报案件信息,个案监督会比较充分。

第二,第四类有关单位或者个人反映法官有违法审判行为的案件,其被纳入个案监督的理由在于法官行为可能损害司法公正和公信力。在反腐败的高压形势下,该类案件的相关情况主要由纪检、监察、信访部门掌握并经由专门程序处理,法官对该类案件的信息优势并不明显。

第三,第二类在社会上有重大影响的疑难复杂案件和第三类与本院或者上级法院的类案判决可能发生冲突的案件被纳入个案监督的理由在于可能存在案件事实复杂、法律适用困难、裁判尺度不统一等问题。鉴于个案监督的处理结果主要反映在法官会议和审判委员会会议上,通过对 2019 年 10 个中级、基层法院审判委员会和法官会议的个案监督情况进行访谈调查发现:(1)在审判委员会方面,半数法院的审判委员会会议不超过 20 次,每次分若干议题,主要讨论相关审判制度规定、审判态势分析、案件评查分析、检察监督报告、分析长期未结案以及具体个案等事项;其中,讨论的具体个案主要包括再审、涉群涉众、信访案件终结、疑难复杂案件等。经统计,排除再审、涉群涉众、信访等第一类、第四类个案识别机制发现的案件,10 家法院中由法官报请监督后,再由审判委员会讨论决定的第二类和第三类个案监督案件较少。这些案件主要涉及法律适用困难问题,较少涉及案件事实复杂和裁判尺度不统一问题——出现这种现象的主要原因是法官对案件具有强大的信息优势:一方面案件事实主要靠法官查明、审判亲历性让法官对案件事实有更加全面深刻的感受;另一方面裁判尺度主要靠法官先行判断，缺少法律分歧的发现解决机制，作出分歧判决并不必然成为责任追究事由。即便如此，通过访谈了解到，法官为了将案件情况和拟处理方案更好地向审判委员会汇报，通常要用2天以上时间做各种上会准备，对各种与案件有关的信息进行修饰，尽最大可能避免各种潜在错误。(2)在法官会议方面，10个法院庭级层面的法官会议召开得比较频繁，较少召开院级层面的法官会议。上报法官会议讨论的案件主要涉及法律适用困难问题、较少涉及案件事实复杂和裁判尺度不统一问题，主要原因与审判委员会会议的相关情况类似。鉴于法官会议是一种咨询性质的会议形式，其结果对合议庭和法官并没有实质性的拘束力，所以无论是庭长还是法官都将法官会议作为法官听取他人意见或者法官发表个人意见的平台；在具体方式上，鉴于法官会议要占用法官们大量的时间，案件承办法官通常只会简要通报办案难点，无论是庭长或者其他法官均较少主动查阅被讨论案件的卷宗，较少就案件进行全面深入了解，在个别情况下也会出现法官发表意见时简单“同意”其他法官观点的现象；在结果处理上，庭长不会指令要求案件承办法官接受某项意见，即便遇到合议庭意见与法官会议倾向性意见不一致的情况，承办案件法官和合议庭能够坚持己见并作出判决。(3)非正式的监督方式——有的法官会向庭长、审判长汇报请教个案的办理知识和经验。值得一提的是，虽然法官向庭长、审判长汇报请教个案的办理知识和经验现象不属于司法责任制明确规定的个案监督方式,但是该方式在审判实践中也发挥着一定作用。一方面,庭长、审判长会对相关问题进行讲解,提出非指令性的个人想法,法官自主决定裁判结果。由于实践中出现过法官将庭长的知识性、经验性讲解当作指令的个别做法,导致庭长为了避免承担干预案件审理的责任而不得不淡化"意见"的色彩。另一方面,通过对第二类和第三类案件的分析可以发现,在有的法院由审判委员会、法官会议进行个案监督存在监督案件量相对较少、监督内容不够全面等现象。部分法官有效避免了审判委员会或者法官会议带来的时间成本以及院长、庭长对法官能力的低评价风险,审判委员会和法官会议成员能够避免在信息不完全情况下作出决断、降低时间成本以及避免其他会议成员对自己能力的低评价风险。此时,法官向庭长汇报请教个案的办理知识和经验问题的"非正式"方式在客观上部分替代了审判委员会和法官会议两种"正式"个案监督方式的功能。

由上可知,在"四类案件"的第一类和第四类案件中,法官对案件并不具有明显的信息优势,不需要法官与院长、庭长之间就纳入监督范围的个案情况和内容进行协调。在第二类和第四类中,除去再审、死刑等法定特殊情况,法官对案件具有强大的信息优势,存在法官与院长、庭长之间就纳入监督范围的个案情况和内容进行协调并寻找个案监督均衡点的问题。通过数据和情况分析可以发现,经法官与院长、庭长之间"协调发现"后纳入审判委员会和法官会议"正式"约束的个案监督案件量较少，法官与院长、庭长之间“协调发现”案件的成本往往刺激了另一种非正式约束——法官向院长、庭长汇报请教个案的办理知识和经验问题，此时院长、庭长对法官“请教”而非“上报”的个案问题大多以“帮助”为主、“监督”为辅。

须客观看待的是，人类社会交往过程中的非正式约束在客观上源自信息传递和降低交易费用的需要，这种协调解决问题的方式往往表现为一种惯例制度，法院内部的非正式约束构成了司法效率最大化模型必不可少的一部分。[①] 一方面，正式约束与非正式约束影响着不同路径和时空上的效率，会体现出中性、补充、替代等相互关系；另一方面，正式约束与非正式约束在作用程度上存在差异，会产生强弱不同的冲突。[②] 当国家试图有意创建某项制度后，将会制约人们在正式与非正式规则之间进行选择的行为，[③]并凸显正式约束的刚性特征。对于司法活动而言，审判委员会和法官会议正是平衡审判亲历性与信息共享性的两种正式约束机制，其制度运行的条件、标准、方式显然具有指导性、规范性，其内含的权力义务

---

① ［美］道格拉斯·C. 诺斯：《制度，制度变迁与经济绩效》，杭行译，韦森译审，格致出版社、上海三联书店、上海人民出版社 2014 年版，第 43 ~ 63 页。

② ［美］阿兰·斯密德：《冲突与合作：制度与行为经济学》，刘璨、吴水荣译，刘璨、刘浩校，格致出版社、上海三联书店、上海人民出版社 2018 年版，第 274 ~ 318 页。

③ ［美］杰克·奈特：《制度与社会冲突》，周伟林译，上海人民出版社 2017 年版，第 202 页。

不能任意调整、改变、降格、脱轨。有的法官向院长、庭长请教属于非正式约束下的交流，如果是为知识分享、经验交流之需无可厚非；如果是在无任何合法合理事由情况下针对特定个案的办理请示、征求意见且不能全程记录讨论过程者，审判权运行的成本虽相对较低，但亦有脱离制度约束之嫌。

三、法院科层中的个案监督权力协调

理论研究表明，隐藏信息不仅是平等市场交易中存在的问题，而且是一个在组织中也存在的问题。[①] 组织中的隐藏信息行为以及其影响从一个侧面说明，虽然科层的存在解决了部分信息不完备、不对称问题，但同时其本身也是获得更有效率运作的障碍。通过对法官行为的研究可以发现，无论在横向审判活动中、还是在纵向个案监督活动中都存在信息不完备、不对称和隐藏信息的现象。

通过上述数据对比和内容分析，可以发现法官和院长、庭长的心理预期和行为变化：(1) 法官最初的心理预期是依法行使审判权，接受院长、庭长对个案的监督，对符合条件的个案报请院长、庭长进行监督指导，依法提升案件质量。在最终行为上，有的法官利用承办案件的信息优势，在依法提请审判委员会和法官会议监督讨论个案的同时，也会通过向院长、庭

---

① [荷]塞特斯·杜玛、[荷]海因·斯赖德：《组织经济学：经济学分析方法在组织管理上的应用》，原磊、尹冰清等译，中国人民大学出版社 2018 年版，第 66 页。

长汇报请教个案的办理知识和经验问题等方式解决审判活动中的难题;即便提请审判委员会或者法官会议监督讨论个案,有的法官也会采取调整汇报信息的策略进行个案汇报,从而降低时间成本,减少其他会议成员的负面评价,避免承担审判程序或实体问题带来的司法责任。(2)院长、庭长最初的心理预期是对法官审理的案件进行个案甄别、有效监督,进一步保障案件质量的提升。在最终行为上,院长、庭长并不是案件的亲历者,而是相对信息劣势方。为了避免干预案件和监督不力的双重司法责任,减少其他会议成员的负面评价,降低时间成本,有的院长、庭长一般不会在审判委员会和法官会议上对案件事实、法律适用、法律分歧开展详细询问,同时也会部分接受法官向院长、庭长汇报请教个案的办理知识和经验问题方式。

通过上述方式,有的法官在第二类和第四类案件监督过程中可能利用信息优势重塑权力关系边界,让院长、庭长部分放弃正式个案监督方式并且迎合非正式的个案监督协调需求。法律公共信息带给各方主体的私人心理预期并未在既定的权力制约监督轨道上完全实现,部分法官与院长、庭长表现出了一些新的行为选择和权力协调。这种行为选择导致部分第二类疑难复杂和第三类法律分歧案件进入了非正式"汇报请教"模式,不受约束的非正式"汇报请教"方式与"正式"个案监督机制会形成多种性质的交互关系并也对权力制约监督制度的运行实效带来了影响——这种效率内涵并不是高结案量、压缩办案周期的效率概念。对这种现象的可能性解释是：在个案监督活动中，因法官享有强大的信息优势，在与院长、庭长的互动过程中，促使部分疑难复杂、法律分歧案件进入非正式"汇报请教"模式，不受约束的非正式个案"汇报请教"可能对正式制约监督机制的运行带来效率损害。接下来，将运用模型推理对个案监督中的逆向选择效应进行证明。

第二节　法官在个案监督活动中的逆向选择行为模型

一、案件难易非连续均匀条件下的模型

在个案监督活动中，法官基于审判亲历性要求直接审理案件，并且需要上报疑难复杂和法律分歧案件；院长、庭长基于职责规定需要对上报案件进行个案监督。法官自身对一个案件的疑难复杂和法律分歧情况最为了解，因为法官亲自审理了案件，也就是说案件的疑难复杂和法律分歧情况是法官的私人信息；相对而言，院长、庭长没有参与法官承办的案件，很少且很难去就某个或者某些疑难复杂和法律分歧案件提出监督指令。在下面的模型将对个案监督中的各种因素进行简化抽象，避免设置过多的变量因素将问题复杂化而难以提供

具有针对性的结论。

现假设:(1)法官与院长、庭长处于个案监督的环境中,法官都具备合格的政治素质、道德品质和业务能力。(2)将法官审理案件的难度设定为案件的疑难复杂和法律分歧情况,标记为HARDCASE;将院长、庭长对个案的监督程度设定为其对疑难复杂和法律分歧案件的监督出价,标记为SUPERVISION;法官和院长、庭长对案件难度和监督程度的对应关系、衡量标准是一致的。(3)先设定案件的难度并不是连续且均匀分布的,案件只有两种类型且难案占20%,简案占80%。之所以这么设定,是因为根据访谈,法官一般认为在承办的案件中难案约占20%,其他的案件属于常规性简单案件。为了方便运算,同时设定难案的个案监督强度值是 $HARDCASE_{max}$ = SUPERVISION800,简案的个案监督强度值是 $HARDCASE_{mix}$ = SUPERVISION 200。

那么,法官的效用 U^*_{judge} 可以记为:

$$U^*_{judge} = SUPERVISION - HARDCASE \quad (5-1)$$

同时,院长、庭长的效用 $U^*_{president}$ 可以记为:

$$U^*_{president} = HARDCASE - SUPERVISION \quad (5-2)$$

在没有不完备、不对称信息的情况下,个案监督会出现两种情况。第一种情况是院长、庭长对法官承办的 $HARDCASE_{max}$ 个案施以 SUPERVISION800 的强监督,第二种情况是院长、庭长对法官承办的 $HARDCASE_{mix}$ 个案施以

SUPERVISION 200 的弱监督。其法律含义是：在第一种情况下，法官和院长、庭长均会十分慎重对待个案中的全部信息，法官积极上报案件事实、拟处理意见、制作检索报告，院长、庭长会仔细询问案件各方面的情况，借助审判委员会或者法官会议等正式规则充分讨论案件，督促法官落实监督个案的意见，通过个案监督制度实现司法公正。在第二种情况下，法官和院长、庭长则对个案监督的力度下降，调低了个案监督的标准。

如果存在信息不完备、不对称的情形，院长、庭长则无法全面准确地辨别法官办理案件的疑难复杂程度和法律分歧程度。按照难案占全部案件 20%、简案占全部案件 80% 的访谈结论，此时院长、庭长对个案的监督强度预期可用公式可表达为：

$$E[HARDCASE] = 0.8HARDCASE_{mix} + 0.2HARDCASE_{max} \quad (5-3)$$

通过式(5－1)(5－2)(5－3)可以发现，院长、庭长对个案的最强监督预期是 SUPERVISION320。诚然，在理论模型中，可能承担司法责任的法官面对院长、庭长 SUPERVISION320 的最强监督水平，是不可能上报 $HARDCASE_{max}$ 个案情况的。因为上报 $HARDCASE_{max}$ 案件并接受个案监督意味着增加法官的时间成本，增加对其负面评价的风险，却不能真正有效地帮助法官提前纠错，降低其承担错案责任风险。由此，很难激励

法官全面准确上报 $HARDCASE_{max}$ 个案情况，原本应当上报 $HARDCASE_{max}$ 个案的法官会转而当作 $HARDCASE_{mix}$ 个案处理。面对法官上报 $HARDCASE_{max}$ 个案越来越少的情况，院长、庭长则不可能施以更高的监管强度。此时，法官和院长、庭长之间在 $HARDCASE_{mix}$ 简案与 $HARDCASE_{mix}$ 低监督强度之间达成了均衡，很多难案无法进入正式个案监督程序。鉴于法官听取院长、庭长意见的需求仍然存在，此时部分疑难复杂、法律分歧案件避开审判委员会和法官会议，而进入法官向院长、庭长非正式“汇报请教”的通道。

二、案件难易连续均匀条件下的模型

在前文设定的假设条件中，被监督案件的难易程度只有难案 $HARDCASE_{max}$ 和简案 $HARDCASE_{mix}$ 两种。接下来，可以对个案监督中的假设条件进行调整，即将案件的难易程度设置为在 $HARDCASE_{max}$ 与 $HARDCASE_{mix}$ 之间呈连续且均匀分布的状态。在这种条件下，如果不存在信息不完备、不对称的情形，那么个案监督均衡的结果是每一个案件按照其难易程度被施以相应程度的监督，不存在难案弱监督或者简案强监督的问题。如果存在信息不完备、不对称的情形，院长、庭长并不能够全面知晓法官审理个案的难易程度，院长、庭长则只能够依据其预期对个案施以监督。也就是说，即便法官通过投入最大精力查明案件事实、选择适用法律、了解法律分歧并报送某一个个案，也不会被院长、庭长施以SUPERVISION800的强监督，而该个案被施以的最强监督只有SUPERVISION320。此时，考虑到院长、庭长给予个案的实际最强监督强度仅为SUPERVISION320，法官仅会上报难度HARDCASE更低的个案。如此循环，院长、庭长会进一步调低对案件难度的预期，施以SUPERVISION更低的监督强度，法官也会进一步上报难度HARDCASE更低的个案，这一过程的持续最终可能导致难度相对较高的个案脱离正式监督机制。与一般商品市场上逆向选择效应最终导致市场交易量为零不同的是，在个案监督活动中，个案监督机制在持续运转，难案也会出现在审判委员会和法官会议上，但是法官主动接受正式个案监督的效率会相对偏低。

在案件难度连续均匀条件下，当院长、庭长的监督强度在SUPERVISION 200与SUPERVISION800之间变化时，法官在个案监督中上报的案件难度HARDCASE会随着监督强度的变化而变化，且法官愿意上报的案件难度处于$HARDCASE_{mix}$与SUPERVISION之间。因此，在个案监督活动中，上报案件的难易程度与监督强度之间就有了一种对应关系，可用公式表达为：

$$E[HARDCASE \mid SUPERVISION] = 0.8HARDCASE_{mix} + 0.2SUPERVISION$$
$$= SUPERVISION\ 160 + 0.2SUPERVISION \qquad (5-4)$$

在上述式（5－4）中，SUPERVISION的具体监督强度处于

SUPERVISION 200 与 SUPERVISION800 之间。就供给和需求曲线的理论分析而言,在目前的个案监督场景中,个案的均衡监督强度是 SUPERVISION 200,即只有简单 $HARDCASE_{mix}$ 个案进入正式监督领域。

案件难易程度连续均匀条件下的理论模型初步验证了:当案件的难易程度在 $HARDCASE_{max}$ 与 $HARDCASE_{mix}$ 之间连续均匀分布时,囿于法官的相对优势信息和院长、庭长的相对劣势信息,院长、庭长会按照其对案件难易的预期进行个案监督,法官继而放弃全面上报更难的个案,在法官与院长、庭长数次调整预期后,法官可能逐步放弃上报难案。也就是说,法官在个案监督中具有强大的信息优势,在信息不完备、不对称条件下法官办理的部分案件无法得到更多事前监督与指导,同时随着增加司法责任、降低能力评价、占用大量时间的可能性增加,法官行为约束机制的运行无法达到最高效率,即产生了逆向选择效应。这在审判实践中可以具体表现为,法官基于法律公共信息产生的正常预期发生了改变,即从“全面主动向院长、庭长上报案件并通过正式个案监督机制讨论决定案件”转化为“在部分案件中法官向院长、庭长汇报请教个案的办理知识和经验问题等非正式模式”。至此,法律公共信息架构的权力制约机制、权力运作方式等可能遇到“变通性”障碍,正式制度的运行效率没有得到全部彰显。

三、基础模型的拓展解释

案件难易连续均匀和非连续均匀条件下两个基础模型能够直接简要地说明法官在个案监督活动中的逆向选择行为。诚然,通过设定假设条件的基础模型毕竟与现实个案监督活动存在一定差距,接下来将对基础模型加以进一步解释并说明其实际运用价值。

第一种模型拓展:在个案监督中,法官并未将所有的难案信息隐藏,通过非正式方式解决,仍然将一些主要案件上报审判委员会或者法官会议讨论,个案监督中的难案处理结果会获得更多法官的共识,不一定会出现普遍简案 $HARDCASE_{mix}$ 和弱监督 SUPERVISION 200 的情况。

关于第一种模型拓展的解释是:(1)在基本模型中,假设了法官和院长、庭长对案件难度和监督程度的对应关系、衡量标准是认识一致的。但是,在现实的个案监督活动中,法官与院长、庭长对案件难度和监督程度的对应关系、衡量标准的认识不可能是完全一致的,有时候院长、庭长施以个案监督的强度会更高一些。例如,在司法责任制综合配套改革中,越来越强调"放权不等于放任,信任不代替监督,既要有序放权,又要有效监督",不断强化院长、庭长依法监督的责任。此时,式(5-1)中法官的效用 U^{*}_{judge} 会更大一些,式(5-4)中个案监督的均衡值会不断增大,这有利于促进法官积极上报案件并接受个案监督。此外,在司法政策导向的影响下,如果法官为了向院长、庭长表明主动接受监督的态度,会在一定程度上积极上报案件并接受个案监督,这样可以防止式(5-2)中院长、庭长的效用 $U^*_{president}$ 降得过低。(2)在基本模型中,假设了法官之间对案件难度和监督程度的对应关系、衡量标准是认识一致的。但是,在现实的个案监督活动中,法官之间对案件难度和监督程度的对应关系、衡量标准不可能是完全一致的。例如,我国东部地区法官与西部地区法官、承办案件量多的法官与承办案件量少的法官、只在基层法院任职的法官与只在中级法院任职的法官等均对案件难易有不同的认知。不同法官对于式(5-1)中法官的效用 U^*_{judge} 会产生不同的感受,式(5-4)中个案监督的均衡值会出现波动。(3)在基本模型中,假设了院长、庭长之间对案件难度和监督程度的对应关系、衡量标准是认识一致的。但是,在现实的个案监督活动中,院长、庭长之间对案件难度和监督程度的对应关系、衡量标准不可能是完全一致的。司法体制改革对院长、庭长办案提出了越来越明确的要求,这在一定程度上增强了院长、庭长对案件情况的了解程度。例如,2017 年吉林的入额院长、庭长直接办案 15,244 件,人均结案 40.2 件;2022 年北京的入额院长、庭长承办案件占结案总数的 35.8%,比 5 年前提高 14.6 个百分点。通过院长、庭长实际办理案件,案件难易信息不完备、不对称的问题在一定程度上得到了缓解,这也同时促进了院长、庭长根据实际情况对个案实施监督。式(5-2)

中的院长、庭长效用 $U^*_{president}$ 会更加客观，公式(5－4)中个案监督的均衡值会不断提升。(4)在基本模型中，假设了法官与院长、庭长处于既定的个案监督条件下。如果上级主管机构通过数量比例考核加大对院长、庭长依法监督个案的力度，那么这对法官与院长、庭长的行为选择都会产生较大影响，双方都会更加严格执行规定，通过正式制度监督个案的情况会增多。此时，式(5－1)中法官的效用 U^*_{judge} 和式(5－2)中院长、庭长的效用 $U^*_{president}$ 因为附加了额外的变量值而同时提升，式(5－4)中个案监督的均衡值会不断提升。

第二种模型拓展：在个案监督中，有的法官可能减少提请审判委员会和法官会议进行个案监督的数量，但是非正式“请教”方式也让部分的难案有了讨论“平台”，只要案件本身不被发回改判，院长、庭长一般不会提出明确异议。

关于第二种模型拓展的解释是：(1)在基础模型中，设定了法官与院长、庭长处于监督环境中，未涉及审判委员会、法官会议“正式”个案监督机制本身的特点，即两种正式监督机制均采取会议制。院长、庭长接收到法官提请个案监督的案件后，如果确须进一步讨论，院长、庭长一般会决定将案件提交审判委员会、法官会议讨论。鉴于会议人员专业背景各异以及会议形式占用多人时间，法官会针对性地汇报、通报个案信息并提出难点问题，会议制本身很难做到每个参会人员均对案情全面了解或者主动发现问题并提出监督意见。会议制在功能上解决的主要是典型性和代表性问题,有的法官在审判委员会、法官会议之后也常常就相关问题向院长、庭长补充“汇报请教”。(2)在基础模型中,设定了法官与院长、庭长处于监督环境中,未涉及个案被发回改判情况的影响。鉴于院长、庭长对全院、全庭的整体案件质量负有责任,院长、庭长能够利用非正式监督个案方式收集到更多案件信息,增强其纠错能力并避免其承担管理案件质量不善的责任,此时式(5-2)中院长、庭长的效用 $U^{*}_{president}$ 会得到整体性增加。(3)在基础模型中,设定的个案监督案件是四类。但是,在现实的个案监督活动中,院长、庭长承担的个案监督责任不止于该四类案件,日益强化的个案监督责任让院长、庭长对重大、疑难、复杂、敏感、新类型以及其他任何可能引发问题的个案都不可能放任不管,不能单纯依靠事后监督。院长、庭长接受“非正式”个案监督方式也在一定程度上起到防患未然的作用,这在客观上刺激了“非正式”个案监督的范围。此时,式(5-2)中院长、庭长的效用 $U^{*}_{president}$ 会得到增加。

第三种模型拓展:虽然存在个别案件可能脱离“正式”个案监督的潜在风险,但是在司法体制改革后,法官职业品德、业务能力和责任意识的提升以及立法技术、取证方式、裁判方法的完善,导致难案减少、部分案件退出受监督范围,同时也让法官更有底气主动接受“正式”个案监督机制。

关于第三种模型拓展的解释是:在基本模型中,将法官个人素质能力和审判制度设定为一个不变的标准概念。但是,在法院队伍素质不断增强以及审判制度更加健全的情况下，法官、院长、庭长对案件难度和监督程度的对应关系、衡量标准的认识也会发生变化，法官会更加主动积极地接受“正式”个案监督，院长、庭长的个案监督活动也更有针对性。例如，智能类案检索利用信息化手段进行类案同案搜索和法律分歧搜索，帮助法官排查法律适用难点，提供针对性参考意见，此时式(5－1)中法官的效用 U^*_{judge} 和式(5－2)中院长、庭长的效用 $U^*_{president}$ 均会增加。

以上论证对案件难易连续均匀和非连续均匀条件下的两个基础模型进行了拓展，分别就法官、庭长、院长对案件难度和监督程度关系的差异化认识和行为结果以及监督责任、地域差异、办案数量、国家政策、不得干预办案等因素对法官、院长、庭长效用函数的影响进行变量附加解释。基础模型在设定相关条件后具有一定的抽象性，但是可以进行条件的重新设定。通过对个案监督中的不同条件进行重新设定，基础模型出现了上述三种扩展运用，理论模型与审判实践更加接近。如果需要考虑审判中的更多实际情况，可对基础模型进行再扩展。同时，不可忽视的是，在个案监督中，信息不完备、不对称现象始终存在，抽象基本模型所展示的潜在审判风险始终存在，所揭示的审判效率损失无法避免。

第三节 法院个案监督活动中法官逆向选择行为的影响

在个案监督活动中,信息不完备、不对称导致了法官的逆向选择行为,虽然个案监督的“正式”制度仍在有效推进,但是仍有部分案件通过法官向院长、庭长汇报请教的“非正式”方式进行推进,个案裁判权与个案监督权的实际边界处于模糊易变的状态,这取决于法官与院长、庭长之间的预期变化、互动协调和行为选择。有关个案监督中法官逆向选择行为的相关数据情况,可以参见本书对中级、基层法院审判委员会和法官会议开展个案监督情况的分析,在此不再赘述。

这种法官向院长、庭长汇报请教的“非正式”方式在实际工作中补充解决了部分实际问题。同时,法官在个案监督活动中的逆向选择行为可能带来的潜在风险也应引起充分重视的:

第一,在部分案件中,“正式”个案监督机制的推行难度可能增大、适用范围可能变窄。在替代性成本差异较大的情况下,部分法官可能不愿意将难案通过“正式”制度上报院长、庭长进行监督,而选择“非正式”渠道与院长、庭长进行沟通协调。由此可能导致部分院长、庭长在个案监督时对案件难易程度缺少整体判断,对纳入个案监督范围的标准会比较模糊,在一定程度上增加个案监督机制的施行难度。此外,院长、庭长自身还需要按照规定要求办理案件、从事行政管理工作,没有更多时间和精力对法官的办案行为进行逐一监督,部分需要被上报的疑难复杂和法律分歧案件可能会被排除在院长、庭长的个案监督范围以外,久而久之个案监督机制的整体运行实效可能会降低。

第二,在个别情况下,法官的个案审判权可能受到过于严格的约束甚至干扰。鉴于院长、庭长对于法官的错案数量和原因在法院日常活动中承担着管理责任,不排除院长、庭长可能用行政手段治理逆向选择带来的低效率,这种用行政手段治理审判问题的方式可能会与"让审理者裁判,由裁判者负责"的导向相冲突。例如,个别院长、庭长会主动出主意、亲自与上级法官沟通,从而确保案件不被二审发回改判。再如,个别院长、庭长将法官的工作视为企业流水线的标准计件工种,"用同一把尺子丈量案件"、苛求法官在行为上的完全一致性,期望通过对法官行为的可命令性追求案件监督的效率性。还如,个别庭长要求庭内全部判决案件均须被提交至法官会议讨论。这种脱离了审判规律的个别做法将对法官的个案审判权造成较大影响。

第三,在个别法官团队里,法官的组织、指导活动可能受到系统性影响。在法院的科层结构下,法官与院长、庭长之间的个案监督模式会进一步向下延伸，影响到法官与法官助理、书记员的团队关系。按照通常的办案职责和流程规定，法官助理、书记员辅助参与案件调解、撤诉工作。在实际工作中，一般只有法官助理、书记员接触调解、撤诉案件的卷宗材料，法官可能并不知道相关案件的具体情况。于是，在一些案件数量多、办案压力大的法院曾出现了个别案件已由法官助理和书记员“主持”调解或者撤诉，法官只知道结果却不清楚具体案情的情况，法官助理和书记员的上述行为在实践中可能被法官默许。法官助理、书记员的这类行为实质上复制了法官的逆向选择行为，利用了法官助理、书记员与法官之间的信息差异，在一定程度上扭曲了法官与法官助理、书记员之间正常的团队管理模式和办案职责规范。

第四，对法院组织结构的设置与完善会形成一定影响。通过与法官调研访谈了解到，扁平化的法院组织结构的确为法官所喜闻乐见，主要理由是在尊重司法规律的基础上法官拥有更多的自主性和依法裁判的底气。同时产生的现实问题是，院长、庭长以及相关上级职能角色的减少可能加剧法官与院长、庭长之间的信息不完备、不对称，扩大法官与院长、庭长之间协调个案监督的空间，在一定程度上强化了逆向选择效应并影响权力制约监督机制的实效——这在司法公信力主要由法院而非法官承担的社会结构中是绝不被允许的。由此，法院内部的个案审判权和个案监督权会进行两种权力的协调与摩擦，并造成司法成本的不断增加。从组织经济学角度而言，这种协调与摩擦的现象并不一定是“权力制约监督机制”发挥作用的表现，而是组织的协调性须进一步增强的明证。[①]

① 彭春：《改革语境下审判管理权的演化逻辑：基于人民法院权力结构的实证研究》，中国法学会审判理论研究会2014年年会暨全面深化司法改革促进司法公正理论研讨会论文，第88～98页。

第六章　法官逆向选择行为的综合效应与应对机制

第一节　法官逆向选择行为的叠加基础:共性特征

第四章讨论了审判活动中法官与当事人之间信息不完备、不对称导致的法官逆向选择行为,第五章讨论了法院科层中法官与院长、庭长之间信息不完备、不对称导致的法官逆向选择行为,前者主要着眼于一般诉讼活动中法官行使审判权的横向关系,后者主要着眼于个案监督活动中法官审判权受制约监督的纵向关系。虽然法官的上述两种行为现象在履职依据、主观预期、选择内容、协调对象、行为结果、客观影响等方面均存在较大差异,但是有着一些共同的特质。

如果能够梳理总结出这些行为的共性特征,将有利于形成法官逆向选择行为的法学要件理论并发现更多潜在的、尚未发现的行为类型,也将为分析法官逆向选择行为的综合效应搭建基础。通过比较分析可以发现,法官的逆向选择行为有以下共同特征:

特征一:法官逆向选择行为发生在实际的、具体的司法活动中,而不是纸上的、抽象的制度研究和推理结果。一系列制度的协调对接、推行实施是否符合其目的和预期,关键在于人的行为。对法官行为的一系列研究,"在很大程度上就是在探索法律本身"。[①] 多学科观察现象、解释问题的方法进一步拓展了对司法活动进行探索的视野,突出了以法官为主体、行为为视角的微观研究,让法律工作者深刻地体察到审判活动的真实状态。前文涉及的法官行为均发生在司法实践中,对法官两种行为选择、行为效果的现象观察、解释结论均在某些方面超过了传统理论的相应范畴,更加实证化、有说服力地对审判效率的全面情况进行了分析与阐释。

特征二:法官逆向选择行为发生在"让审理者裁判,由裁判者负责"制度环境下,而不是发生在受制于行政命令的法官裁判环境下。"让审理者裁判,由裁判者负责"原则的实施执行,一方面能促进法官依法履职、承担责任,另一方面能区分个案审判权与个案监督权以及其他监督管理权的基本界限。如果法官不能够依法行使个案审判权、承担司法责任,无

① 刘庄:《实验方法》,载程金华、张永健选编:《法律实证研究入门读本》,法律出版社 2020 年版,第 217 页。

论是在一般诉讼活动中还是在个案监督活动中,法官均缺少个案审判的激励机制、缺少基于亲历性和自主性进行裁判的空间。此时,法官与院长、庭长、当事人之间的关系会相对僵化,法官无法基于司法规律而对案件信息进行选择并作出更加符合实际的裁判结果。

特征三:法官逆向选择行为发生在法官与其他主体的个案交流互动关系中,而不是个体思维活动、单方行为的结果。只有在互动的社会关系中基于信息优势与劣势的差异改变了制度实施中各个主体的主观预期,[①]并引发现实的行为选择与法律价值导向不一致的情形时,才可能造成逆向选择行为效应。逆向选择过程充斥了不同主体之间的博弈行为,这一过程不仅不可避免而且极其复杂,并可能导致行为结果与法律制度设计目标背道而驰的潜在风险。不在特定案件关系中的法官不可能产生逆向选择行为,例如,虽然当事人与非承办其案件的法官之间以及院长、庭长与非监督范围的法官之间都存在信息不对称,但是法官不会因此进行逆向选择。

特征四:法官逆向选择行为的产生是囿于特定审判环境中的事前信息不对称,而不是某一项既定制度本身的问题。具体来说,造成法官逆向选择的原因并不是某一项既定制度

① 有学者曾就法官与当事人之间基于“新型契约”的互动关系进行了研究,并证明两者之间不是一味地固守纯粹理性、权威、管束的“单项性”原则。参见刘星:《契约司法:一种可能的基层审判制度塑造》,载《法学家》2016年第3期。

在价值判断和设计上的不公正、无效率，而是在制度实施过程中基于信息优势与劣势的差异导致现行制度无法充分发挥效能。正是在这个意义上，虽然法官的逆向选择行为效应和法律适用不统一导致的法官裁判差异均是审判不确定性的某种表现，但是两种审判不确定性的问题症结是完全不同的，后者主要是法官依法在权力范围内依据一定规则解释法律、处理问题时的法律适用难点现象，前者则主要是一类基于信息问题产生的审判效率问题。①

特征五：法官逆向选择行为的表征是法官行为趋于一致性，而不能认为该一致性全然是推动司法规范化和裁判尺度统一的结果。从审判活动中法官与当事人之间信息不完备、不对称导致的法官逆向选择行为和法院科层中法官与院长、庭长之间信息不完备、不对称导致的法官逆向选择行为两个模型均可以发现，法官与当事人、院长、庭长之间互动协调的均衡值总体倾向于最低点，表现出法官与当事人完成诉讼活动，法官与院长、庭长完成个案监督活动并且未就此产生明显的意见差异和行为摩擦。这种一致性实质反映出逆向选择可能导致“交易近乎全部退出市场”的倾向，不可依据表面现象即认定上述一致性就是司法规范化和法律适用统一的结果。

---

① 因心理机制和策略选择而产生的诉讼机制失灵问题无法通过限制裁量权限和细化评价标准的思路来解决。参见杨彪：《禀赋效应、诉讼要价与精神损害赔偿——基于地方司法统计数据的认知心理学分析》，载《法学家》2018 年第 3 期。

特征六:法官逆向选择行为的结果可能扭曲正常的激励机制,导致效率的损失,并且这一结果无法通过宏观统计的审判效率被全面表达出来。就当前的审判质效评估而言,评估方式方法多依赖于办结案件数据的增减比较,往往是就宏观数据进行统计比较说明,多将法官行为默认为一个常量,对微观层面的法官行为关注不够。“员额法官”并非,也不可被仅仅假定为“常量”,法官行为选择不应仅仅被抽象为“一种相对固定的工作模式”,因为法官在诉讼活动中真实、动态的互动协调关系会深刻地影响审判效率。也就是说,逆向选择行为发生于特定的审判机制中,需要借助多角度、专业化、实证化、精准化的方式方法进行研判分析。

综上所述,法官的逆向选择行为是一类在现实司法活动中值得关注的互动协调现象,即在信息不完备、不对称的司法环境中,法官占有审判信息优势,改变了相关信息劣势方的预期,从而扭曲激励机制,最终可能导致审判效率下降、法律制度目的落空的现象。法官逆向选择效应的本质,并不直接表现为法官承担某一错案责任的情形,而是各方主体共同导致制度成本不当增加、审判效率潜在损失的实践障碍。

第二节　法官逆向选择行为的动态衔接:程序循环

鉴于第四章和第五章讨论的两种法官逆向选择行为可以发生在同一个时空、同一个审判流程框架内并由同一个法官作出,因此对法官的不同逆向选择行为能够进行动态衔接分析,进一步观测法官逆向选择行为的动态综合效应。

在部分首次离婚纠纷案件中,法官逆向选择行为的循环理论模型为:

“在个案审判中法官具有信息优势(A)——当事人预判司法产品质量并按照司法产品的平均质量给予评价和配合(B)——法官减少投入时间且部分高质量司法产品退出(C)——法官与当事人之间协调的均衡值下降、审判效率可能下降(D)——……[循环(CIRCULATION)]……”

在部分个案监督活动中,法官逆向选择行为的循环理论模型为:

“在个案监督中法官具有信息优势(A^*)——院长、庭长预判案件难度状况并将难案系数的某个中间值确定为个案监督标准(B^*)——法官通过策略方式减少难案接受

‘正式’监督的数量（C*）——法官与院长、庭长之间协调的均衡值下降、审判效率可能下降（D*）——……［循环（CIRCULATION*）］……”

对上述两种法官逆向选择行为的循环理论模型进行动态衔接，可以表示为：

A——B——C——D（横向诉讼活动中的某些个案事实、法律适用、法律分歧等情况无法通过当事人的诉辩活动显现）——A*——B*——C*——D*（纵向监督活动中的某些个案事实、法律适用、法律分歧等情况无法通过院长、庭长的个案监督活动显现）……［循环（CIRCULATION + CIRCULATION*）］……

通过图 6－1 可以发现，在理论模型意义上，如果不能针对性地解决审判过程中的信息问题，整个审判活动可能进入了“‘低评价、低质量、低监管’‘低评价、低质量、低监管’……”的不良且“稳定”循环体系中。也就是说，不同的逆向选择行为之间能够借助现有的诉讼程序制度设计进行嫁接，从而加快或放大逆向选择行为的作用。如果法官与其他主体进行审判互动协调过程中还有其他类型的逆向选择行为，相关行为也可以凭借既有的制度设计“嫁接”到下图的结构中，从而对审判效率造成更大范围的系统性影响。

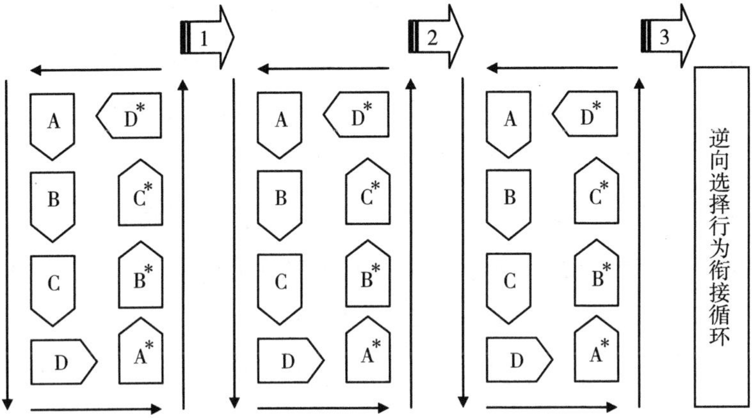

图6－1　法官逆向选择行为动态衔接

第三节　法官逆向选择行为与集体行动

通过对个案审判和个案监督活动发现，法官逆向选择效应的本质是各方主体共同导致制度成本不当增加、审判效率潜在损失的实践障碍。现在的问题是，在审判活动中，理性参与者的行为都有使自己利益最大化的倾向，他们如何去分担或者消解个案审判和监督中的制度成本。面对逆向选择行为的衔接循环以及审判效率损失的可能性，法官、当事人、院长、庭长个人往往缺乏改变的动力，当然也不排除个人试图通过某种活动改善集体行为的情况。即便个人为了改善集体行为现状而付出一定的努力成本，鉴于该收益是公共性的，并不为个人所全部拥有，付出成本的个人也只能获得行动收益中的一个极小份额，收益的公共性使得多数人都想“搭便车”。

对于当事人群体而言，假如不区分原告、被告而使两类人员作为一类当事人群体，其在试图获取更多的审判信息、追求诉讼活动中的更优势地位时，所面对的法官时间、精力等在内的各种司法资源都是有一定容量限制的。在审判质量保持稳定、没有总量提升的情况下，一个当事人获得更高质量的司法产品，相应地总有其他当事人获得更低质量的司法产品。在这种情况下，试图获取信息资源并采取改善行动的当事人群体之间可能是零和博弈关系。须注意的另一种情况是，如果当事人群体试图改变信息劣势地位而采取获得更多信息的做法，那么这一举动很可能造成法官群体的劳动负担大幅上升，甚至到达不可负荷的程度，进而增加法官群体对工作无力负担的厌恶性。此时，受损的很可能是当事人群体自身，即审判总体质量呈现下降趋势，当事人群体之间呈负和博弈状态。可见，在审判方式和审判质量不变的情况下，当事人群体在改善信息劣势时的行为是利益排他性的，一般是零和博弈或者负和博弈关系。

对于院长、庭长群体而言，囿于个案监督的制度约束，其监督行为并不受制于法官的时间、精力以及其他司法资源。假如不区分院长、庭长而使两类职务人员作为一类监督群体，其在进行个案监督时试图获得更多关于难案的信息并寻求个案监督协同性、一致性的行为，不会导致监督群体内部一人获利、他人受损。此时，法官亦受到个案监督机制的约束，不可能单方降低接受个案监督的标准。可见，院长、庭长群体在改善信息劣势时的行为是利益相容的，一般是正和博弈关系。

对于法官群体而言，基于理性人的假定条件，他们当然不会放弃其信息优势地位，这一方面能够使其在审理案件时更有自主权、更游刃有余，另一方面能够使其在接受个案监督时具有更低的成本、更宽松的环境。所以，不论是从事个案审判，还是接受个案监督，法官群体之间总是试图持续、一致占有信息优势，一个法官获得更强信息优势并不损害其他法官的利益，反而使得法官群体整体获益。可见，法官群体在巩固信息优势时的行为是利益相容的，一般是正和博弈关系。

因此，在理性人以及其行为的假定条件下，法官、当事人、院长、庭长在主观上一般不会全然撇开个体利益——这种利益并不单纯指一种个人私利，更多是一种职业角色利益——来试图改变法官逆向选择行为的综合效应。另外，鉴于调整集体行动的巨大成本，法官逆向选择效应的影响极难通过个人或者少数人而改变。值得关注的是，相对于法官群体和院长、庭长群体而言，当事人群体更难组织起获得更多信息资源的集体行动。这种集体行动的难度区别并不完全决定于集体规模的大小——不同于以往理论研究中关于小集体较之于大集体具有更强的凝聚力和有效性的结论，[①]这种集体行为的难度同时决定于权利(力)性质和结构关系。

可见，法官逆向选择行为本身以及其综合效应问题十分复杂，克服综合效应的方法也需要辩证思考、精准施策。既然法官逆向选择行为源于信息不完备、不对称，那么解决问题的关键便在于寻找一种适合应对信息问题的协调机制以及机制组合，从而尽量让当事人、院长、庭长等信息劣势方承担相对少的不利后果。同时须注意的是，适合应对信息问题的协调机制以及机制组合一定要考虑法官以及其工作的实际状态，绝不能以增加或者变相增加法官工作负担、破坏审判规律的方式来解决问题。

第四节　克服法官逆向选择行为综合效应的机制组合

一、对法官信息进行甄别的机制以及主要方法

对法官信息进行甄别是最为重要的克服法官逆向选择行为综合效应的机制。对法官信息的甄别是指，当事人、院长、

① [美]曼瑟尔·奥尔森：《集体行动的逻辑》，陈郁、郭宇峰译，格致出版社、上海三联书店、上海人民出版社2014年版，第3~30页。

庭长等信息劣势方通过某种机制来识别法官的真实信息，从而降低信息的不完备、不对称程度。如前所述，当法官拥有强大信息优势的时候，法官的行为选择在形式上虽不违反法律的明文规定，但是其行为结果却可能让信息劣势方感受到审判结果偏离了预期目标。因此，相应的克服机制须要让当事人、院长、庭长等信息劣势方借助法官在司法活动中的"自选择"行为来最优地甄别出法官的真实私人信息，最大限度地避免由法官逆向选择行为所导致的低效率，从而实现信息劣势方的不同预期目标。

那么，现在的问题就集中在找到"让法官主动选择说出真实私人信息"的最优或者较优机制——在这种机制下，法官隐瞒信息是不划算的；法官在说出真实私人信息让自身利益最大化的同时，增进了与信息劣势方的信息交流和行为利他性，实现了激励相容和法律制度的目的。[①]

如果不存在信息不完备、不对称的情形，当事人、院长、庭长均知晓关于法官和案件的信息，能够对法官的职业效能、案件的裁判效果进行准确判断。此时，无论是当事人给予法官审理个案的评价值，还是院长、庭长施以个案监督的精准度，均与法官审理案件的职业效能成正比且能相互对应区分。高职业效能法官得到当事人给予的高评价值，法官的职业尊荣

---

① See Pedigo L., *Cognitive Ability Testing and Selection: A Review of Court Decisions Since* 1991, Masters Theses & Specialist Projects, Vol. 511, p. 1 – 28(2004).

感和社会评价均能得到提升;同时,高职业效能法官得到院长、庭长的精准个案监督,案件质量和能力认可度得到提升。而低职业效能法官得到当事人给予的低评价值,激励其进一步增进职业效能;同时,低职业效能法官得到院长、庭长的精准个案监督,案件质量得到保证,法院培训部门可及时发现法官的能力缺失并改进培训内容。这正是最优的均衡状态。

在信息不完备、不对称条件下,当事人、院长、庭长均不知晓或不完全知晓关于法官和案件的信息,不能够对法官的职业效能、案件的裁判效果进行准确判断。此时,当事人、院长、庭长需要着重考虑的是如何防止高职业效能法官伪造成低职业效能法官,而不是相反。因为高职业效能法官在正常工作状态下实现的效用一定高于低职业效能法官,高职业效能法官工作相对轻松,低职业效能法官工作相对困难,低职业效能法官一般很难伪装成高职业效能法官。对于高职业效能法官而言,存在两种选择:一种是伪装成低职业效能法官,从而获得额外的效用;另一种是不伪装成低职业效能法官,进行正常的工作,直接获得更高的额外效用。如果要让法官主动选择说出真实私人信息,意味着在公式(4-1)和公式(5-1)中,高职业效能法官在“主动选择说出真实私人信息”时得到司法评价、接受个案监督时的效用高于其在“故意伪装成低职业效能法官并说假话”时得到司法评价、接受个案监督时的效用。也就是说,在信息不完备、不对称条件下,当事人、院长、庭长需要向法官支付额外效用的信息租金。

然而,现实的问题是,影响法官以及其审判工作的制度机制具有多样性,在日常的审判活动中,什么样的制度机制对法官行为的指导和激励作用具有更强的稳定性,更加适合有效甄别出法官的真实私人信息,并作为向法官支付额外效用信息租金的依据。为了找到对法官行为的指导和激励作用更具有相对稳定性的制度机制,现在以侵犯著作权纠纷案件中的酌定赔偿案件为对象进行比较分析。

样本八:从中国裁判文书网抽取了2008年至2018年某图像技术公司起诉他人未经授权使用其图片著作权纠纷案件共250件,这些涉案图片的独创性、拍摄难度、智能投入等客观因素相对一致。2001年、2010年修订的《著作权法》分别于第48条和第49条规定,在侵犯著作权或者与著作权有关权利的案件中,侵权人应当按照权利人的实际损失或者侵权人的违法所得进行赔偿,两者均无法确定时,法官在考虑侵权行为情节基础后酌定50万元以下的赔偿数额。在相关案件中,鉴于与权利人损失以及侵权人获益的具体数额证据往往不充分,法官通常酌定赔偿数额并且赔偿数额有较大的差异。

第一组数据情况是法官酌定赔偿数额与所处地域的关系。在毗邻地域,以管辖权同在B直辖市法院为例,B_1、B_2、B_3、B_4四个区法院对单幅图片的平均酌定赔偿数额确定的较为相近,幅度在3000元左右;B_5法院对单幅图片的平均酌定赔偿数额约为4000元,高于上述四个法院;B_6法院对单幅图片的平均酌定赔偿数额2000元,低于上述四个法院。而D

省法院对单幅图片的平均酌定赔偿数额为4000元,X省法院对单幅图片的平均酌定赔偿数额为2000元,两者之间存在一定的差距。可见,法官的酌定赔偿数额与法官所处的地域没有直接关系。毗邻地域的法官不因为所处地域的距离相近而导致酌定赔偿的数额相近,两者不存在绝对的正相关关系。即便在毗邻区域,部分法官的酌定赔偿数额亦存在差距较大的情况。

第二组数据情况是法官酌定赔偿数额与经济水平的关系。一般认为,不同地区法院的酌定赔偿数额与区域经济发展水平相关,即经济发展水平高地区法院的酌定赔偿数额高,经济发展水平低地区的酌定赔偿数额低。这种情况在部分省份的确存在,比如,F省法院对单幅图片的平均酌定赔偿数额为4000元,G省法院对单幅图片的平均酌定赔偿额为2000元,F省比G省的人均GDP明显要高。与此相反的是,L省法院对单幅图片的平均酌情赔偿数额比S直辖市法院对单幅图片的平均酌情赔偿数额要高一倍以上,而L省的人均GDP比S直辖市的人均GDP要低。可见,法官的酌定赔偿数额与地域经济发展水平没有正相关和负相关的关系。法官不会因为所处地域拥有更大的经济体量GDP而作出更高的酌定赔偿数额,也不会因为拥有更小的经济体量GDP而作出更低的酌定赔偿数额;反之,法官不会因为所处地域拥有更小的经济体量GDP而作出更高的酌定赔偿数额,也不会因为拥有更大的经济体量GDP而作出更低的酌定赔偿数额。

第三组数据情况是法官酌定赔偿数额与案件数量的关系。以同属于经济发展水平较高的B直辖市、D省为例,B直辖市法官和D省法官的人均结案数量均为250件左右。B直辖市法院与D省法院对利用平面媒体广告、图书、宣传册等形式侵权的酌定赔偿数额差距较小。但是,在涉及信息网络传播权的微博、网站侵权案件中,两个区域法院的处理结果存在明显的差异。B直辖市法院对涉网络单幅图片的平均酌定赔偿数额约为2000元,D省法院对涉网络单幅图片的平均酌定赔偿数额约为3000元,存在一定的差异。可见,法官的酌定赔偿数额与法官承办案件的数量没有正相关和负相关的关系。部分法官在同样的工作任务压力下,作出的图片酌定赔偿数额也会出现差异较大的情况。

第四组数据情况是法官酌定赔偿数额与法院审级的关系。B直辖市三级法院之间的酌定赔偿数额也存在差异。其中,基层法院、中级法院对单幅图片的平均酌定赔偿数额较为相近,均为3000元左右;而高级法院对单幅图片的平均酌定赔偿数额约要明显高于中级法院和基层法院的平均酌定赔偿数额。可见,法官的酌定赔偿数额与法官所处审级没有正相关和负相关的关系。基层法院、中级法院、高级法院法官对于酌定赔偿数额并没有随着审级而逐步递增或者递减。

第五组数据情况是法官酌定赔偿数额与审判指导机制的关系。近年来,我国的知识产权审判指导不断加强,关于知识产权审判的组织机构体系、审判指导意见、裁判标准指引等各个方面都得到了不断完善，特别是有的省、自治区、直辖市出台办案指南并就酌定赔偿数额的相关计算方法进行了量化和明确，起到了明确裁判导向和促进法律适用统一的作用。可见，与法官所处的地域环境、经济水平、案件数量、法院审级等相比较，审判指导机制与法官行为具有更强的关联度，审判指导机制对法官行为的指导和激励作用具有更强的稳定性。依据审判指导机制确定的激励机制可作为向法官支付额外效用信息租金的主要方式之一。除了民事审判领域，刑事审判领域也具有同样的特点，即审判指导机制以及相关激励机制对法官行为具有稳定的引导作用。①

之所以审判指导机制对法官行为的指导和激励作用具有更强的稳定性，“让法官主动选择说出真实私人信息”的案件质量评估指标体系起到了关键性作用，即评估指标体系能够有效防止高职业效能法官伪造成低职业效能法官。目前的人民法院案件质量评估指标体系是由 2011 年出台的《最高人民法院关于开展案件质量评估工作的指导意见》所确定的，相关指标体系可以成为甄别法官信息的重要方式。通过调研发现，该指导意见还存在一些亟待修订完善的内容：

第一，个别案件质量评估指标的设计未能全面反映司法规律，量化标准和指标运用的弹性不足。在公共管理运动和

---

① See Sunstein C. R. , *Simpler*: *The Future of Government*, Simon & Schuster, Inc. , 2014, p. 1 – 20.

数字信息化的潮流下，人民法院通过设立案件质量评估指标体系对案件质量实施量化指标管理。正是因为案件质量评估指标体系并不原生于司法活动，而是从现代企业经营管理中借鉴而来，所以该制度从运行之初就与司法活动存在一些不适应，需要逐步本土化和司法化。究其根本原因在于，不同于企业的日常管理和一般商品的生产活动，法官行为并不是商品流水线的标准计件工作，而是复杂的、高智能的、涉及诸多交织因素的、有不确定性的"非标准化"信息处理活动。如果一味"用同一把尺子丈量"法官行为和案件审判过程、结果，利用案件质量评估指标体系中的"调解率""撤诉率""结案率"等指标苛求法官在司法活动中的产出一致性，刺激每一位法官都寻求成本更低的审判工作方式和方法，可能会让个别法官行为陷入本末倒置甚至弄虚作假的境地。量化指标管理模式也是存在副作用的，例如，在国外曾出现过不当的数据统计和评估运用引发个别法官逃避案件等有悖于职业操守的行为，并且让个别法官认为工作的商业性重于其他价值。①

第二，个别案件质量评估指标存在一定的操作缺陷，不能全面直接吸收当事人、律师、其他机构和社会公众的反馈意见。世界各国都十分重视司法质量评估中社会公众参与部分的制度设计和实施方式。人民法院更是将以人民为中心作为

---

① ［美］查理德·A. 波斯纳：《联邦法院：挑战与改革》，邓海平译，中国政法大学出版社2002年版，第256页。

工作的重要理念，通过强调文书说理、裁判可接受性、流程公开、庭审公开、文书公开等方式努力让人民群众在每一个司法案件中感受到公平正义。但我国的案件质量评估指标体系仅仅设置有“公众满意度”一项外部评估指标——该指标反映了社会对人民法院的满意程度，制度上要求人民法院自觉接受公众监督，关注来自法院外部的评价和意见，努力取得公众理解和支持，公众满意度得分高则说明公众对人民法院工作满意。然而，该项指标指数仅占整个案件质量评估指标权数的4%，占二级效果指标权数的12%且排序在三级指标体系中处于最后一个位置。过于内化的评估方式一方面部分限制了司法需求与供给之间的全面深度融合，法官始终处于优势信息地位，当事人缺少了解更多法官信息的有效途径；另一方面部分限制了法院管理者从外部获得更多法官信息的有效途径，不利于进一步强化对法官行为的监督。在司法评估工作中充分反映当事人、代理人以及社会公众的意见已经成为全球司法的一个主要趋势。[①]

第三，有的案件质量评估指标低估了其对法官行为造成

① 各个国家和地区开展的司法质量评估有不同的目标，相应的指标设计标准和方式也存在较大的差异。例如，某些国家和地区将当事人和代理诉讼律师对法官行为进行主观评价的考察比重设置占整个司法质量评估体系40%以上。参见蒋惠岭、邓宇：《荷兰司法质量评估体系（上）》，载《人民法院报》2013年3月29日，第8版；蒋惠岭、邓宇：《荷兰司法质量评估体系（下）》，载《人民法院报》2013年4月12日，第8版；[美]莫琳·奥康纳：《为社会公众奉献优质高效的司法服务》，载《人民法院报》2013年4月26日，第8版；夏南：《美国犹他州司法绩效评估制度》，载《人民法院报》2013年5月10日，第8版。

的影响，对法官行为激励缺少更深层次的考虑。当前，我国的案件质量评估指标体系在评估功能上是“体检表”，在评估方式上则“对事不对人”，专注于“案件”质量评估。该指标体系不直接针对法官行为的效能或者问题，不直接体现案件数据与法院各类人员之间任职角色和权责分工关系。然而，该指标运行的实际应用情况与主观设计想法却不完全一致。一方面，案件质量评估指标体系本质上是一个评价和激励机制，不可能只反映问题而不反馈信息，不可能只评价案件而不对法官行为造成影响，在审判实践中法官以及院长、庭长必然围绕案件质量评估指标体系和评价结果调整个人预期和选择行为。另一方面，案件质量评估指标体系的设计是结果导向，以结案后的统计数据为主，并不完全反映权力运行的量化情况，也就是说当前的案件质量评估指标体系多关注已有问题，较少监测潜在风险，与“体检表”的定位有较大差距。因此，如果缺乏“评估制度——行为激励——法官行为”的逻辑考量，很难形成全面、科学、有效的评估机制。

第四，个别案件质量评估指标缺乏一定的抗干扰设计，指标结果的精准度和信服力有一定欠缺。虽然评估指标设置各有侧重，数据生成相对独立，但是作为一种数学统计模型，需要考虑数据变量的同时作用情况和相互影响程度。一方面，个别指标没有控制外部影响因素带来的偏差。例如，服判息诉率指标实际反映的是当事人对一审案件的可接受程度，可接受程度反映的是当事人双方的利益平衡程度，案件量大意味着处理个案的单位时间缩短,平衡个案中当事人利益的时间压缩,审判效果可能会受到影响。收案量大的法官较收案量小的法官在服判息诉率等指标上几乎无优势可言,即便收案量大法官的工作效能更高一些,其指标评价也会更差一些。另一方面,个别指标没有控制内部影响因素带来的偏差。法官行为在特定的管理环境中受到多种因素的影响,在司法工作中就曾经出现过分案制度不合理导致的法官工作量分配不均、不利于反映法官实际效能甚至以此控制法官行为等问题。因此,案件质量评估指标应当尽量合理排除不合理因素的干扰,对合理影响因素开展细化研究,更好地体现案件质量评估指标体系的科学性和精准度。

鉴于此,建议从四个方面完善案件质量评估指标体系,进而优化对法官信息的甄别机制:

第一,尊重司法规律,正确认识案件质量评估指标体系在司法活动中的作用。目前的案件质量评估工作有一定管理色彩,各项评估指标制度较容易受到法院内外部各种复杂因素的影响,因此要进一步明确案件质量评估体系的功能定位、评估方法。一方面,适当分离法院的案件质量评估工作和法官个人的审判质量评估工作,让评估指标数据更有针对性地激励法官个人行为,减少高效能法官降低工作标准的可能性,实现真正的激励兼容。另一方面,排除对案件质量评估工作的干扰,需要综合运用调查问卷、面谈、案卷抽样、实地考察等测评方法,跟踪了解案件质量评估指标在司法实践中的运行情况，克服数据统计评估方式的局限性。

第二，加大外部指标数据的比重，对外部评估指标进行细化。通过评估的开放性激励职业效能高的法官为了得到更好的外部评价和额外的信息租金而选择全身心投入审判工作。具体办法是，在案件质量评估体系一级指标之下设立与公正、效率、效果并行的二级公众满意度指标，且将其权重设置在25%以上。另外，在二级公众满意度指标下可设立多个三级指标，例如，当事人或律师对法官评价“听取不同意见”“解释审理程序”“裁判理由表述”“依法公开裁判”“方便联系法官”等；当事人或律师对司法辅助人员评价“通知送达及时”“交代事项清楚”“辅助业务专业”“设身处地为当事人着想”等；当事人、律师或其他社会人员对法院“办公场所和法庭是否容易找到”“法院提供表格是否清晰易懂”“在法院里是否有安全感”“是否为不方便人士提供更优服务”“网站信息是否够用”等。以上指标数据均以当事人、律师或其他社会人员填写电子调查问卷方式进行采集。

第三，强化程序制度之间的衔接，理顺案件质量数据的适用规则。在法律层面，《人民法院组织法》《法官法》针对法官行为形成了框架性的制度机制；但是在司法实践中，法官行为易受到人民法院内部各种正式和非正式制度机制的影响，这也是在各国司法活动中都普遍存在的现象。因此，要增强各种制度机制的协调性，强化制度机制的衔接性设计、功能化区分、冲突解决机制，由此才能保证案件质量评估体系的可信度和精准度。同时,对于案件质量评估指标体系而言,需要进一步明确案件质量评估“数据—指标—指导”之间的关系,研究论证案件质量评估指标评估数据与业务规范、绩效考评、资源调配等事项的转化应用方式。此外,在案件质量评估指标数据的深度运用方面,应在严格执行案件随机分配制度的基础上,建立针对法官个人的审判质量评估指标体系,更客观、更具有针对性地反映法官个人的审判综合水平。

第四,加强对大数据价值的挖潜力度,拓展评估指标的信息价值。大数据通过采集整体数据,推进数据联动和无穷组合,考察事物的相关性,从而获得凭直觉难以发现的信息和趋势。通过强化“大数据”理念和方法在案件质量评估指标体系中的应用,可以避免仅关注个别统计数据的结论误差。具体来说,可以建立与案件质量评估指标体系并列的“评估背景关联指标群”。该指标群以审判活动中的客观数据为采集对象,以进一步挖掘案件质量评估指标体系数据的信息价值为目标。例如,采集“法官开庭时长的均衡度”“与当事人谈话的时长”“运用电子信息设备接待当事人的时长”“判决文书篇幅”“判决理由字数”“文书援引法律条文的数量和范围”“判决结果的一致性与偏离度”“实际扣除审限天数”“权利人实际救济时长”等数据,辅助分析案件质量评估指标结果,充分发挥案件质量评估指标体系的价值,增加案件质量评估指标体系的可信度。[1]

二、法官发送信息的机制和主要方法

法官对信息的发送是指,法官向当事人、院长、庭长等信息劣势方显示可观察到的自身真实信息,从而降低信息的不对称程度。假设个案诉讼活动中当事人没有接触过承办案件的法官且不了解案件诉讼程序,个案监督活动中院长、庭长不了解法官个人工作效能且不了解个案的具体情况,在这两种司法环境下法官公开个人信息工作的信度和效度至关重要,因为不完备、不准确的信息可能导致当事人、院长、庭长对法官情况不了解或者形成误判。在当前的审判实践中,法官员额制度和法官等级制度即是能够依法公开标识每一个法官信息的信息发送机制。

《法官法》第 25 条规定,法官实行员额制管理;法官员额出现空缺的,应当按照程序及时补充。就法官个人来说:一方面法官员额制推动提高了法官能力素养,加强了法官职业化专业化建设,提升了审判效能;另一方面进入法官员额本身也表明法官个人具有相应的能力,员额制更像是反映个人能力的一种信号。高职业效能的法官可以通过严格的员额制程序证明高能力,同时为了维持员额法官身份会努力提供质量较

① 李铁、彭春、李默菡:《关于完善司法统计和案件质量评估指标的调研》,载北京市高级人民法院编:《审判前沿》,法律出版社 2016 年版,第 179 ~ 190 页。

好的司法产品。对法官员额制度起到的信息发送作用,本书不再赘述。

法官等级制度具有较强的信息发送和区分功能,然而该制度的相关功能在司法实践中被弱化了。法官等级是表明法官级别、身份的称号,是国家对法官专业水平的确认。《法官法》第26条将法官等级分为十二级,依次为首席大法官、一级大法官、二级大法官、一级高级法官、二级高级法官、三级高级法官、四级高级法官、一级法官、二级法官、三级法官、四级法官、五级法官。第28条将德才表现、业务水平、审判工作实绩和工作年限等作为确定法官等级的依据;将按期晋升和择优选升作为法官等级晋升的主要方式,同时为特别优秀或者工作特殊需要的一线办案岗位法官设置了特别选升制度。不同于行政级别,法官等级对于每一名法官都是具有实际意义的。在我国司法实践中,法官等级的作用主要有四个方面:(1)法官等级是一种政治荣誉,代表着政治地位、职务高低等情况,法官等级越高,政治地位更高。(2)法官等级是一种经验容量,代表着工作年限和审判经验,法官等级越高,审理的案件越多,审判权的行使相对更加游刃有余。(3)法官等级是一种荣誉激励,代表着法官对司法公正做出的贡献,法官等级越高,工作贡献越大,待遇越高。(4)法官等级是一种对现实个案裁判有预示作用的信号,当事人、院长、庭长可以通过收取法官信息进行行为选择、给予评价、进行监督,并进一步影响法官的行为选择。本书主要强调法官等级在第四个方面的作用。

长期以来，受到多种因素的影响，法官等级制度的效用没有被完全发挥出来。虽然法官等级制度越来越受到重视，但法官等级在更多时候与工作年限、法官薪酬挂钩，法官等级制度在促进审判权依法运行、提升审判效率方面的作用发挥得还不够直接、充分。如果将法官等级对应工作年限、法官薪酬等因素，那么其作用局限于法官劳动价值的承认。更为重要是，司法作为一种以公信力为基础的制度体系，法官等级的信息价值远高于单纯的实物激励。充分展示法官等级的信息价值，有利于当事人、院长、庭长对法官以及其承办案件的形成正确的预判，进而引导各方形成良性的互动关系，形成正向激励，由此促进审判质效的进一步提升。也许这才是法官等级对于司法公正目标的更高价值。因此，应当重视法官等级在第四个方面的作用。

具体而言，在不考虑法官等级制度的信息价值时，当事人、院长、庭长是按照平均水平或者一定比例给予法官信任的，法官们不必为了信息价值而去获得更高的法官等级。如果法官等级对信号发送有作用，那么法官在承担相应成本基础上获得的法官等级将作为一种法定信号被发送给当事人、院长、庭长，并且这种信号是可以被观察到的。法官付出的物质成本、非物质成本包括学历成本、时间成本、精力成本等。此时，当事人、院长、庭长可以根据法官等级来预判法官的能力并给予相应的信任。为获得相同的法官等级，高职业效能法官付出的成本较低,较轻松获得法官等级;在相同的法官等级下,法官再次晋升等级,高职业效能法官付出的额外成本也会更低,低职业效能法官所要付出的额外成本相对较高。在这种低成本、高收益的情况下,高职业效能法官为了显示自身的价值会通过各种方式与低职业效能的法官区别开来,低职业效能的法官不能伪装成高职业效能法官。需要区分的情况是,如果低职业效能法官的数量占比很低,高职业效能法官为了不被认为是低职业效能法官而不得不通过付出成本来提高法官等级;如果低职业效能法官的数量占比很高,高职业效能法官宁可通过更多的努力使自身的法官等级得以提升。因此,法官等级是一种公共信息,是法官私人信息的综合外化。通过法定公开的法官等级以及学历学位、专业特长、裁判文书等相关信息,当事人、院长、庭长掌握了高职业效能法官和低职业效能法官获得法官等级努力成本函数的差异。当事人、院长、庭长能够利用这种公共信息差异,对法官承办案件的情况和职业效能进行预判,从而在一定程度上克服信息不完备、不对称对审判效率造成的影响。

基于此,建议对法官等级制度的功能和应用进行重新审视。其一,在制度目标方面,《法官法》第 29 条规定,法官等级设置、确定和晋升由国家另行规定。在制度设计上,除了发挥法官等级反映政治地位、工作年限、薪酬待遇等价值外,还可以突出法官等级的信息激励价值,推动建立法官等级与案件质量、公众评价之间的衔接机制,让法官等级以及相关职业信息成为当事人、院长、庭长认知法官的重要手段，让法官等级以及相关职业信息成为法官对外展示、承诺公正水准的明确指标。其二，在公开内容方面，可以以每一名法官为单元依法公开其等级变化情况以及学历学位、专业特长、裁判文书等相关信息，增强法官私人信息的透明度，让当事人、院长、庭长能够随时了解法官办理案件的整体情况，避免激励机制的扭曲。由此，法官行为由主要事后激励变为事前和事后双重激励，由上级奖励变为上级和群众双重激励，正面的行为激励得到进一步扩展。这种做法也更加符合《法官法》第28条关于将德才表现、业务水平、审判工作实绩和工作年限等作为确定法官等级依据的价值导向。

三、其他方法的探索

除了以上对法官信息进行甄别和法官对信息进行发送的主要机制外，[①]还有其他克服法官逆向选择行为效应的一些方法：[②]

第一，建立法官个人公信度制度。持续增强法官个人公信度是克服信息不对称的有效手段。虽然大部分公众没有参

① 陈钊：《信息与激励经济学》，格致出版社、上海三联书店、上海人民出版社2018年版，第54～73页。

② See Freeborn B. A. & Hartmann M. E., *Judicial Discretion and Sentencing Behavior: Did the Feeney Amendment Rein in District Judges?*, Journal of Empirical Legal Studies, Vol. 7:2, p. 355 – 375(2010).

加过诉讼活动的经历或者可能只参加过一次诉讼活动,无法通过多次重复的互动关系形成对法官的信任;但是,法官还是可以从多方面增强公信度,例如,可以在与职业律师的业务交往过程中提升个人公信度,可以通过向社会一并公开法官职业信息及其所有判决书的方式提升个人公信度,更加充分地将特定法官效能与相关审判信息捆绑起来。法官个人公信度的提升,增强了当事人、院长、庭长对法官声誉的了解,进而有利于他们给予法官更精准的评价;同时,也增强了法官维护自身声誉的积极性,进而使法官在履职过程中选择高效能工作方式。此外,人工智能时代会加速对法官公信数据的挖潜力度,"计算机将根据特定法官的观点和公开声明创建该法官的一般轮廓,并随着该法官发表其他意见而不断更新该轮廓。该轮廓将使律师和法官能够更准确地预测相关司法行为,并且促进法官适用法律的一致性"。[①]

第二,建立统一法律适用智能辅助系统。信息不对称的重要原因是当事人、院长、庭长不完全了解个案事实和法律适用情况。如果减少个案办理程序和结果的不当差异性,从制度上压缩信息不对称的空间,能够让当事人、院长、庭长对法

---

① Richard A. Posner 法官所提出的利用人工智能和信息技术构建特定法官一般轮廓的方法与本文提出的用建构法官个人公信度体系的建议具有一致性,均是通过外化法官行为信息的方式解决信息不对称所导致的现实司法难题。See Posner R. A. ,*The Role of the Judge in the Twenty-First Century*,Boston University Law Review. ,Vol. 86:5,p. 1050 (2006).

官行为有更准确的预期。一方面,突出不同案件的特点和规律,完善类案办理规范,将类案办理标准向社会公开,主动接受社会各方面的监督,指导法官严格把握裁判标准和尺度,更好地迎合当事人、院长、庭长掌握审判信息的需求。另一方面,建立统一法律适用智能辅助系统,如全面加速提升法院案件智能检索功能、探索法官会议意见的分歧识别机制、探索建立院庭长监管需要的案件监管智能检索平台、探索建立市域范围内裁判结果异常偏离的案件排查机制等,通过智能化建设辅助法官进行裁量判断,辅助院长和庭长开展审判监督。

第三,建立司法产品的均质保障制度。司法产品的均质性是指不同法官的司法产品或者同一个法官的司法产品需要保持在一定水准,做到审判质量稳定。法官的每一个案件都有特殊性,但是质量不稳定的司法产品不但会加剧审判活动中信息的不完备和不对称现象,而且会对司法所规范的社会秩序造成内生和次生的不利影响。因此,法官的庭审质量、裁判标准、文书水平、司法服务在客观上差距越小越好。好的司法产品有多种形式:(1)精品庭审、优秀文书等反映了司法活动的最优状态,有对现实的引导性价值;但是,实践中很难做到“件件皆精品”。(2)降低当事人诉讼费用和提供各类便捷司法服务等方式增加了司法产品的性价比,方便当事人通过诉讼方式解决纠纷;但有时因为刺激“司法消费”反而导致案件量增多、法官压力增大、产品质量不稳。(3)较前两者,更重要的是保证司法产品在一定时间、一定空间、一定类型上的均质性,减少不当差异性带来的"负的外部性",司法产品的均质化是减少信息不完备和信息不对称的重要方式,也是让人民群众感受到公平正义的最好方式之一。

第四,建立针对法官行为导致程序空转的惩戒机制。我国先后出台了几十部与法官惩治内容相关的规范性文件,法官惩戒性规范散见于《法官法》《人民法院组织法》《民事诉讼法》《刑事诉讼法》《行政诉讼法》等法律以及人民法院制定出台的相关管理规定中,其主要内容集中在违反廉政纪律、违反办案程序规则、评查错案处置、违反日常行为规范等方面,但是较少对扭曲制度预期、破坏激励机制、损害审判效率的法官行为进行必要约束。建议从完善法官行为制度和诉讼制度两个层面加强对法官逆向选择行为的制度约束,即除了落实现有的审判权运行机制,使法官按程序履职责外,还需要排查"形式上程序运转、实则低效运转甚至无效运转"的情况,对危害司法公信力和破坏群众感受的违法违规行为进行惩戒。

结论：全面审视法官行为对于司法的价值

综合全书，有以下主要结论和建议：

第一，关于司法效率——迟到的正义非正义，超速的正义未必实现全部正义。效率与正义是法的基本价值。建议对司法效率的解释进行维度性调整，改变仅将审判效率局限于年均办案数量、压缩办案周期、简化诉讼程序等时间概念的认知，充分认识到时间只是刻度，在区分不同法律关系基础上锚定每一个刻度中法官行为的效用、激励、协调等微观效率价值，消除在司法活动中可能以“宏观”掩“微观”、以“目标”替“过程”、以“高效”换“公正”的潜在隐患，更好地实现效率价值与正义价值的融合。

第二，关于司法成本——司法的最大成本不是看得见的成本，而是看不见的成本。在真实的世界，制度无处不在。建议在法院的人财物成本之外，更多地考虑基于信息交互、权力模糊、行为差异、争议商议、机制冲突等因素形成的司法成本，将法院运作与法官行为进行适当区分,更加注重透过法官行为发现法律和司法制度在运行中的真实“摩擦力”和实际成本,充分挖掘“信息化、数字化、智能化”在降低制度成本方面的重要作用,让每一位司法活动的参与者都能积极推动实现制度设定的预期,在每一个司法案件中感受到公平正义。

第三,关于司法职业——法官是公平正义的“燃灯者”,仍需要描绘出更加“真实、精准、可理解”的中国法官画像。法官画像基于法官行为,法官行为是利用信息资源生成替代性权利配置模式或进行延伸的过程。建议在自然语言学习和机器学习技术的支持下,拆解、提取、分析裁判文书和庭审活动信息,凝结出每一名法官或者某审级、时段、地域内的法官适用法律的主要内容、核心方法、评估报告并关联所有相关裁判文书,使法院监管人员以及其他诉讼个案参与者更准确地预测、评估司法行为,推动形成对法官的客观评价和正向激励。

第四,关于司法裁断——法律适用统一是加快推进审判体系和审判能力现代化的必然要求,但需要警惕部分法官逆向选择行为掩盖下的一致性低效现象。审判结果产生于法官与外部世界的深度信息互换、计算、交融。建议充分重视部分“权利—权力”型司法活动中审判低效与高结案短周期并存和部分“权力—权力”型司法活动中审判低效与正式监督机制执行较少并存的现象,建构包括对法官信息的甄别、法官对信息的发送、法官个人公信度制度、统一法律适用智能辅助系统、司法产品的均质保障制度、针对法官行为导致程序空转的惩戒机制等一系列克服法官逆向选择行为效应的机制组合。

第五,关于司法未来——人工智能在司法实践中的应用正逐步显现,AI 法官将是我们不得不面对的重大命题。当我们以信息资源为基础解析了法官行为的本质与过程,当我们以大数据应用刻画出了法官的真实和精准画像,当我们面对司法智能化带来的高质量司法产品,当我们面对人工智能对全球法律秩序形成的巨大影响……法律科幻作品中已经出现了拥有 AI 法官的世界。也许,离那个世界越近,人类会愈发珍视法官行为对于司法的价值。

参考文献

一、中文文献

(一)论文

1. 李晓安、曾敬:《法律效益探析》,载《中国法学》1994年第6期。

2. 王晨光:《办案效率与法院内部运行体制的改革》,载《法学》1998年第10期。

3. 陈贵民:《论司法效率》,载《法律科学》1999年第1期。

4. 刘金国、周静:《论司法公正——法官的行为哲(科)学》,载《政法论坛》1999年第5期。

5. 吴志攀:《提高审判效率的另一种思路》,载《人民司法》1999年第11期。

6. 刘楠:《中美法院司法效率简析》,载《社会科学研究》2000年第2期。

7. 苏力:《基层法官司法知识的开示》,载《现代法学》2000 年第 3 期。

8. 傅郁林:《民事裁判文书的功能和风格》,载《中国社会科学》2000 年第 4 期。

9. 孙笑侠:《法律家的技能与伦理》,载《法学研究》2001年第4期。

10. 张维迎、柯荣住:《诉讼过程中的逆向选择及其解释——以契约纠纷的基层法院判决书为例的经验研究》,载《中国社会科学》2002 年第 2 期。

11. 黄竹胜:《论司法行为理性化及其制度性条件》,载《当代法学》2002 年第 3 期。

12. 钱弘道:《论司法效率》,载《中国法学》2002 年第 4 期。

13. 谢佑平、万毅:《法理视野中的刑事诉讼效率和期间:及时性原则研究》,载《法律科学》2003 年第 2 期。

14. 曾康:《利己人性下的法官行为分析》,载《甘肃理论学刊》2004 年第 1 期。

15. 郝建设:《法律推理和司法公正》,载《社会科学辑刊》2004 年第 1 期。

16. 左卫民:《刑事诉讼的经济分析》,载《法学研究》2005 年第 4 期。

17. 胡云腾:《点击司法改革的几个关键词》,载《人民司法》2005 年第 6 期。

18. 贺欣:《中国民事诉讼的确存在逆向选择效应吗——评张维迎,柯荣住的〈诉讼过程中的逆向选择及其解释——以契约纠纷的基层法院判决书为例的经验研究〉》,载《法学》2005 年第 7 期。

19. 林毅夫、潘士远:《信息不对称,逆向选择和经济发展》,载《世界经济》2006 年第 1 期。

20. 姚莉:《司法效率:理论分析与制度构建》,载《法商研究》2006 年第 3 期。

21. 方乐:《转型中的司法策略》,载《法制与社会发展》2007 年第 2 期。

22. 方乐:《司法行为及其选择的文化注释——以转型司法中的中国法官为例》,载《法律科学》2007 年第 5 期。

23. 张维:《规则和民意:关涉司法公正的标准分析》,载《人民司法》2007 年第 11 期。

24. 蒋惠岭:《论司法效率的八个关系》,载《人民司法》2008 年第 7 期。

25. 林广海:《论知识产权的效率与效益》,载《人民司法》2008 年第 11 期。

26. 沈明磊、蒋飞:《资源配置视野下的司法效率》,载《人民司法》2008 年第 17 期。

27. 李家军:《司法的效率之维》,载《法律适用》2009 年第 6 期。

28. 田雷:《法官如何决策?——司法行为研究的文献综

述》,载《法律方法》2009 年第 8 期。

29. 苏力:“中文序”,载[美]理查德 · A. 波斯纳:《法官如何思考》,苏力译,北京大学出版社 2009 年版,第XIV页。

30. 张洪涛:《司法之所以为司法的组织机构依据——论中国法院改革的核心问题之所在》,载《现代法学》2010 年第 1 期。

31. 艾慧佳:《调解“复兴”、司法功能与制度后果——从海瑞定理Ⅰ的角度切入》,载《法治与社会发展》2010 年第 5 期。

32. 陈旭:《民事案件简转普中法官“逆向选择”的现象解析与规制疏导》,载《法律适用》2010 年第 5 期。

33. 苏力:《审判管理与社会管理——法院如何有效回应“案多人少”》,载《中国法学》2010 年第 6 期。

34. 王亚新:《司法效率与繁简分流》,载《中国审判》2010 年第 8 期。

35. 张进德:《刑事诉讼效率的追求与美国辩诉交易的兴起——以对抗制的衰退为中心》,载《法律适用》2011 年第 1 期。

36. 张维迎、艾佳慧:《上诉程序的信息机制——兼论上诉功能的实现》,载《中国法学》2011 年第 3 期。

37. 罗东川、黄斌:《我国司法效率改革的实践探索　立足于当前人民法院“案多人少”问题的思考》,载《法律适用》2011 年第 3 期。

38. 王立君:《能动与克制之间的功利追求——读波斯纳〈法官如何思考〉》,载《政法论坛》2011 年第 3 期。

39. 兰荣杰:《把法官当"人"看——兼论程序失灵现象及其补救》,载《法制与社会发展》2011 年第 5 期。

40. 黄韬:《中国式的公正政策法院——以我国法院对金融案件的处理为例》,载《社会科学研究》2011 年第 6 期。

41. 邹碧华:《论法庭情绪管理》,载《法律适用》2011 年第 8 期。

42. 周叶中:《司法行为模式论——以行为理论为视角》,载《河南财经政法大学学报》2012 年第 1 期。

43. 王淑荣:《论裁判的思想与法理》,载《理论学刊》2012 年第 2 期。

44. 杨海、胡亚球:《裁判视野下诚实信用原则——立足于法官裁判行为的研究》,载《法律科学》2012 年第 2 期。

45. 王申:《法官的理性认知与司法前见》,载《法律科学》2012 年第 6 期。

46. 李本森:《法律中的二八定律——基于被告人认罪案件审理的定量分析》,载《中国社会科学》2013 年第 3 期。

47. 陈天昊:《公正、效率与传统理念》,载《清华法学》2013 年第 4 期。

48. 李安:《司法过程的直觉及其偏差控制》,载《中国社会科学》2013 年第 5 期。

49. 王浩云:《从法官到律师:中国司法职业逆向选择现象

透视》,载《湖南社会科学》2014 年第 3 期。

50. 佘发勤:《论法律判断理论之构建——司法改革评价的方法论基础》,载《甘肃政法学院学报》2014 年第 3 期。

51. 陈林林、张晓笑:《裁判行为的认知心理学阐释》,载《苏州大学学报(哲学社会科学版)》2014 年第 4 期。

52. 蒋银华、肖芃:《审判权视角下的法官选任和管理模式研究》,载《江西社会科学》2014 年第 4 期。

53. 陈林林、杨桦:《基于"态度"的司法决策》,载《浙江大学学报(人文社会科学版)》2014 年第 5 期。

54. 李学尧、葛岩、何俊涛、秦裕林:《认识流畅度对司法裁判的影响》,载《中国社会科学》2014 年第 5 期。

55. 刘练军:《法院科层化的多米诺效应》,载《法律科学》2015 年第 3 期。

56. 林越坚、刘青青:《博弈论视角下民事再审监督机制的程序优化》,载《法学》2015 年第 3 期。

57. 陈瑞华:《法官责任制度的三种模式》,载《法学研究》2015 年第 4 期。

58. 凌斌:《"法民关系"影响下的法律思维及其完善》,载《法商研究》2015 年第 5 期。

59. 秦鹏、陈幸欢:《环境公益诉讼中的法院角色,逆向选择与社会结构——以泰州 1.6 亿赔偿案为样本的法社会学分析》,载《西南民族大学学报(人文社会科学版)》2015 年第 5 期。

60. 程关松:《司法效率的逻辑基础与实现方式》,载《江西社会科学》2015 年第 8 期。

61. 陈卫东、杜磊:《司法改革背景下规范司法行为的进路》,载《学习与探索》2015 年第 11 期。

62. 侯猛:《不确定状态下的法官决策——从“3Q”案切入》,载《法学》2015 年第 12 期。

63. 陈瑞华:《法院改革的九大争议问题》,载《中国法律评论》2016 年第 3 期。

64. 刘星:《契约司法:一种可能的基层审判制度塑造》,载《法学家》2016 年第 3 期。

65. 孙笑侠:《基于规则与事实的司法哲学范畴》,载《中国社会科学》2016 年第 7 期。

66. 黄文艺:《中国司法改革基本理路解析》,载《法制与社会发展》2017 年第 2 期。

67. 封丽霞:《美国法官的办案“神话”与现实解读》,载《中国党政干部论坛》2017 年第 9 期。

68. 徐向华、石俏伟等:《“功能—组织—机制—技术”视角下的法院改革及其成效研究——以贵州省地方法院改革为例》,载《法学》2017 年第 10 期。

69. 宋远升:《司法能动主义与司法克制主义的边界与抉择》,载《东岳论丛》2017 年第 12 期。

70. 熊秋红:《为什么要设立互联网法院》,载《人民论坛》2018 年第 2 期。

71. 陈幸欢:《司法改革背景下法官竞争格局与求稳心理分析——以A市首例环境污染案件为例》,载《江西社会科学》2018年第3期。

72. 陈瑞华:《法官员额制改革的理论反思》,载《法学家》2018年第3期。

73. 杨彪:《禀赋效应、诉讼要价与精神损害赔偿——基于地方司法统计数据的认知心理学分析》,载《法学家》2018年第3期。

74. 左卫民:《"诉讼爆炸"的中国应对:基于W区法院近三十年审判实践的实证分析》,载《中国法学》2018年第4期。

75. 孙若均:《离婚救济制度立法研究》,载《法学家》2018年第6期。

76. 谢予昭、顾昕:《中老年人群在社会医疗保险中的逆向选择行为及其影响因素》,载《保险研究》2018年第7期。

77. 王彬:《法律现实主义视野下的司法决策——以美国法学为中心的考察》,载《法学论坛》2018年第9期。

78. 郑成良、李文杰:《"司法信赖"生成机制研究——基于上海法院陪审运行的实证研究》,载《社会科学战线》2018年第10期。

79. 公丕祥:《新时代中国司法现代化的理论指南》,载《法商研究》2019年第1期。

80. 王禄生:《司法大数据与人工智能技术应用的风险及伦理规制》,载《法商研究》2019年第2期。

81. 尤陈俊:《儒家道德观对中国传统诉讼文化的影响》,载《法学》2019 年第 3 期。

82. 贺欣:《司法为何淡化家庭暴力》,载《中国法律评论》2019 年第 4 期。

83. 张笑、胡金焱:《高收入者参与 P2P 网络借贷的动机,基于信息不对称的视角》,载《改革》2019 年第 7 期。

84. 王明喜、李明等:《碳排放权的非对称拍卖模型及其配置效率》,载《管理科学学报》2019 年第 7 期。

85. 张原野、白彩全:《机构交易规模与市场信息环境——基于信息不对称视角的理论与实证研究》,载《预测》2019 年第 38 期。

86. 郑戈:《司法科技的协调与整合》,载《法律适用》2020 年第 1 期。

87. 方乐:《法官责任制度的功能期待会落空吗》,载《法制与社会发展》2020 年第 3 期。

88. 马长山:《司法人工智能的重塑效应及其限度》,载《法学研究》2020 年第 4 期。

89. 刘庄:《实验方法》,载程金华、张永健选编:《法律实证研究入门读本》,法律出版社 2020 年版,第 217 页。

90. 陆幸福:《我国法官责任豁免制度之改进——从错案责任到司法裁判行为》,载《浙江社会科学》2021 年第 1 期。

91. 范伟:《"法官不得拒绝裁判"原则的逻辑再造:从绝对性到相对性》,载《政法论坛》2021 年第 1 期。

92. 焦洪昌、潘塑:《论司法政策的规范内涵/适用范围和实际功效——以最高人民法院制定的司法政策为例》,载《北京行政学院学报》2021 年第 5 期。

93. 冯洁:《大数据时代的裁判思维》,载《现代法学》2021 年第 5 期。

94. 左卫民:《刑事诉讼中的"人"——一种主体性研究》,载《中国法学》2021 年第 5 期。

95. 孙跃:《论类案裁判规则及其提炼方法》,载《湖北社会科学》2021 年第 8 期。

96. 左卫民:《AI 法官的时代会到来吗——基于中外司法人工智能的对比与展望》,载《政法论坛》2021 年第 9 期。

97. 张卫平:《审判资源程序配置的综合判断》,载《清华法学》2022 年第 1 期。

98. 李学尧、刘庄:《矫饰的技术:司法说理与判决中的偏见》,载《中国法律评论》2022 年第 2 期。

99. 孙辙、张龑:《司法的实体公正、程序公正以及法官的行为公正》,载《法律适用》2022 年第 3 期。

100. 程金华:《法院"案多人少"的跨国比较——对美国、日本和中国的实证分析》,载《社会科学辑刊》2022 年第 5 期。

(二)著作

1. 张志铭:《法理思考的印迹》,中国政法大学出版社 2003 年版。

2. 胡夏冰:《司法权——性质与构成的分析》,人民法院出版社 2003 年版。

3. 顾培东:《社会冲突和诉讼机制》,法律出版社 2004 年版。

4. 张文显:《法理学》(第 3 版),法律出版社 2007 年版。

5. 史晋川:《法经济学》,北京大学出版社 2007 年版。

6. 魏建:《法经济学:分析基础与分析范式》,人民出版社 2007 年版。

7. 黄宗智:《经验与理论:中国社会、经济与法律的实践历史研究》,中国人民大学出版社 2007 年版。

8. 魏建、周林彬:《法经济学》,中国人民大学出版社 2008 年版。

9. 王泽鉴:《民法思维——请求权基础理论体系》,北京大学出版社 2013 年版。

10. 张五常:《经济解释》(二〇一四增订本),中信出版社 2015 年版,第 84 页。

11. 张维迎:《博弈与社会》,北京大学出版社 2015 年版。

12. 熊秉元:《正义的效益》,东方出版社 2016 年版。

13. 冯玉军:《新编法经济学》,法律出版社 2016 年版。

14. 杜万华主编、最高人民法院民事审判第一庭编:《民事审判指导与参考》总第 64 辑,人民法院出版社 2016 年版。

15. 钱颖一:《现代经济学与中国经济》,中信出版集团 2017 年版。

16. 孔祥俊:《司法哲学》,中国法制出版社 2017 年版。

17. 刘德权总主编、王松主编:《最高人民法院司法观点集成(新编版)》(民事卷Ⅴ),中国法制出版社 2017 年版。

18. 陈钊:《信息与激励经济学》,格致出版社、上海三联书店、上海人民出版社 2018 年版。

19. 薛兆丰:《经济学讲义》,中信出版集团 2018 年版。

20. 苏力:《是非与曲直——个案中的法理》,北京大学出版社 2019 年版。

21. 黄薇主编:《中华人民共和国民法典婚姻家庭编释义》,法律出版社 2020 年版。

22. 最高人民法院政治部、最高人民法院司法改革领导小组办公室编:《人民法院全面落实司法责任制读本》,人民法院出版社 2021 年版。

(三)译著

1. [美]理查德 · A. 波斯纳:《法律的经济分析》,蒋兆康译,林毅夫校,法律出版社 1997 年版。

2. [美]本杰明 · 卡多佐:《司法过程的性质》,苏力译,商务印书馆 1997 年版。

3. [美]理查德 · A. 波斯纳:《正义/司法的经济学》,苏力译,中国政法大学出版社 2002 年版。

4. [美]查理德 · A. 波斯纳:《联邦法院:挑战与改革》,邓海平译,中国政法大学出版社 2002 年版。

5.［法］米歇尔·克罗齐埃:《科层现象》,刘汉全译,上海人民出版社2002年版。

6.［德］阿尔图·考夫曼、［德］温弗里德·哈斯默尔:《当代法哲学和法律理论导论》,郑永流译,法律出版社2003年版。

7.［美］理查德·A.波斯纳:《证据法的经济分析》,徐昕、徐昀译,中国法制出版社2004年版。

8.［美］尼古拉斯·麦考罗、［美］斯蒂文·G.曼德姆:《经济学与法律——从波斯纳到后现代主义》,吴晓露、潘晓松等译,史晋川审校,法律出版社2005年版。

9.［美］乌达·马太:《比较法律经济学》,沈宗灵译,张建伟审校,北京大学出版社2005年版。

10.［美］盖多·卡拉布雷西:《事故的成本——法律与经济的分析》,毕竞悦、陈敏等译,北京大学出版社2008年版。

11.［美］亨利·J.亚伯拉罕:《司法的过程》,北京大学出版社2009年版。

12.［美］理查德·A.波斯纳:《法官如何思考》,苏力译,北京大学出版社2009年版。

13.［美］乔治·J.施蒂格勒:《信息经济学》,载［美］库尔特·勒布、［美］托马斯·盖尔·穆勒编:《施蒂格勒论文精粹》,吴珠华译,商务印书馆2010年版。

14.［美］道格拉斯·C.诺斯:《理解经济变迁过程》,钟正生、邢华等译,杨瑞龙、郑江淮校,中国人民大学出版社

2013 年版。

15.［美］丹尼尔·卡尼曼、［美］保罗·斯洛维奇等：《不确定性状况下的判断：启发式和偏差》，方文、吴新利等译，方文校，中国人民大学出版社 2013 年版。

16.［英］亚当·斯密：《国富论》，郭大力、王亚南译，商务印书馆 2014 年版。

17.［美］道格拉斯·C. 诺斯：《制度，制度变迁与经济绩效》，杭行译，韦森译审，格致出版社、上海三联书店、上海人民出版社 2014 年版。

18.［美］罗纳德·H. 科斯：《企业，市场与法律》，盛洪、陈郁校译，格致出版社、上海三联书店、上海人民出版社 2014 年版。

19.［美］曼瑟尔·奥尔森：《集体行动的逻辑》，陈郁、郭宇峰译，格致出版社、上海三联书店、上海人民出版社 2014 年版。

20.［南非］奥比·萨克斯：《断臂上的花朵：人生与法律的奇幻炼金术》，陈毓奇、陈礼工译，广西师范大学出版社 2014 年版。

21.［美］保罗·萨缪尔森、［美］威廉·诺德豪斯：《经济学》（第 19 版），萧琛等译，商务印书馆 2014 年版。

22.［南非］奥比·萨克斯：《断臂上的花朵：人生与法律的奇幻炼金术》，陈毓奇、陈礼工译，广西师范大学出版社 2014 年版。

23.［美］盖瑞·J. 米勒：《管理困境：科层的政治经济

学》,王勇、赵莹等译,格致出版社、上海三联书店、上海人民出版社 2014 年版。

24. [美]加里·S. 贝克尔:《人类行为的经济分析》,王业宇、陈琪译,格致出版社、上海三联书店、上海人民出版社 2015 年版。

25. [奥]路德维希·冯·米塞斯:《人的行为》,夏道平译,吴惠林校订,上海社会科学院出版社 2015 年版。

26. [美]米尔伊安·R. 达玛什卡:《司法和国家权力的多种面孔》,郑戈译,中国政法大学出版社 2015 年版。

27. [法]让·梯若尔:《产业组织理论》,张维迎总译校,中国人民大学出版社 2015 年版。

28. [德]阿图尔·考夫曼:《法律获取的程序——一种理性分析》,雷磊译,中国政法大学出版社 2015 年版。

29. [美]劳伦斯·弗里德曼:《二十世纪美国法律史》,周大伟等译,北京大学出版社 2016 年版。

30. [美]李·爱泼斯坦、[美]威廉·M. 兰德斯等:《法官如何行为:理性选择的理论和经验研究》,黄韬译,法律出版社 2017 年版。

31. [美]杰克·奈特:《制度与社会冲突》,周伟林译,上海人民出版社 2017 年版。

32. [美]E. 博登海默:《法理学——法律哲学与法律方法》,邓正来译,中国政法大学出版社 2017 年版。

33. [美]卡斯·桑斯坦:《选择的价值:如何做出更自由

的决策》,贺京同译,中信出版集团 2017 年版。

34. [美]安东尼·唐斯:《民主的经济理论》,姚洋、邢予青等译,上海人民出版社 2017 年版。

35. [美]阿兰·斯密德:《冲突与合作:制度与行为经济学》,刘璨、吴水荣译,刘璨、刘浩校,格致出版社、上海三联书店、上海人民出版社 2018 年版。

36. [荷]塞特斯·杜玛、[荷]海因·斯赖德:《组织经济学:经济学分析方法在组织管理上的应用》,原磊、尹冰清等译,中国人民大学出版社 2018 年版。

37. [美]圭多·卡拉布雷西:《法和经济学的未来》,郑戈译,中国政法大学出版社 2019 年版。

38. [奥]恩斯特·A. 克莱默:《法律方法论》,周万里译,法律出版社 2019 年版。

(四)讲座和报告

[英]亚当·斯密:《1766 年的讲座报告》,载[英]米克. R. L. 、[英]拉斐尔. D. D. 等编:《法理学讲义》,冯玉军、郑海平译,中国人民大学出版社 2017 年版。

二、外文文献

(一)论文

1. Akerlof G. A., *The Market for "Lemons": Quality*

Uncertainty and the Market Mechanism, Quarterly Journal of Economics, Vol. 84, p. 488 – 500(1970).

2. GoldmanS., *The Effect of Past Judicial Behavior on Subsequent Decision-Making*, Jurimetrics, Vol. 19:3, p. 208 – 217(1979).

3. Landes W. M. & Posner R. A., *Legal Change, Judicial Behavior, and the Diversity Jurisdiction*, The Journal of Legal Studies, Vol. 9:2, p. 367 – 386(1980).

4. Gibson J. L., *Environmental Constraints on the Behavior of Judges: A Representational Model of Judicial Decision Making*, Law & Society Review, Vol. 14:2, p. 343 – 370 (1980).

5. Vining A. R., *Information Costs and Legal Services*, Law & Policy, Vol. 4:4, p. 475 – 500(1982).

6. Wald P. M., *Bureaucracy and the Courts*, The Yale Law Journal, Vol. 92:8, p. 1478 – 1486(1983).

7. Schauer F., *Formalism*, Yale Law Journal, Vol. 97:4, p. 509 – 548(1988).

8. Cooter R. D., *Liberty, Efficiency, and Law*, *Law and Contemporary Problems*, Vol. 50:4, p. 141 – 163(1988).

9. Kornhauser L. A., *Adjudication by a Resource-Constrained Team: Hierarchy and Precedent in a Judicial System*, Southern California Law Review, Vol. 68, p. 1605 – 1629(1995).

10. Mccaffery E. J. , Kahneman D. J. & Spitzer M. L. , *Framing the Jury: Cognitive Perspectives on Pain and Suffering Awards*, Virginia Law Review, Vol. 85:1, p. 1341(1995).

11. Bintliff B. , *From Creativity to Computerese: Thinking Like a Lawyer in the Computer Age*, Law Library Journal, Vol. 88:3, p. 338 – 351(1996).

12. Sunstein C. R. , *Behavioral Analysis of Law*, University of Chicago Law Review, Vol. 64:4, p. 1175 – 1195(1997).

13. Schauer F. & Wise V. J, *Legal Positivism as Legal Information*, Cornell Law Review, Vol. 82, p. 1080 – 1110 (1997).

14. Dakolias M. , *Court Performance Around the World, A Comparative Perspective*, Yale Human Rights & Development Journal, Vol. 430, p. 1 – 58(1999).

15. Posner E. A. , *Agency Models in Law and Economics*, Ssrn Electronic Journal, Vol. 92, p. 1 – 12(2000).

16. Schauer F. & Wise V. J. , *Nonlegal Information and the Delegalization of Law*, The Journal of Legal Studies, Vol. 29:S1, p. 495 – 515(2000).

17. Botero J. C. , *Judicial Reform*, The World Bank Research Observer, Vol. 18:1, p. 61 – 88(2003).

18. Pedigo L. , *Cognitive Ability Testing and Selection: A Review of Court Decisions Since* 1991, Masters Theses &

Specialist Projects, Vol. 511, p. 1 – 28(2004).

19. Posner R. A., *Judicial Behavior and Performance: An Economic Approach*, Florida State University Law Review, Vol. 32, p. 1259 – 1278(2005).

20. Garven J. R., Moral Hazard, *Adverse Selection, and Tort Liability*, Journal of Insurance Issues, Vol. 28:1, p. 1 – 13 (2005).

21. Posner R. A., *The Role of the Judge in the Twenty-First Century*, Boston University law review., Vol. 86:5, p. 1050 (2006).

22. Scott K. M., *Understanding Judicial Hierarchy: Reversals and the Behavior of Intermediate Appellate Judges*, Law & Society Review, Vol. 40:1, p. 163 – 191(2006).

23. Posner R. A., *The Role of the Judge in the Twenty-First Century*, Boston University Law Review, Vol. 86:5, p. 1049 – 1068(2006).

24. Jacobi T & Tiller E. H., *Legal Doctrine and Political Control*, The Journal of Law, Economics, and Organization, Vol. 23:2, p. 326 – 345(2007).

25. Smith H. E., *Community and Custom in Property*, Theoretical Inquiries in Law, Vol. 10:1, p. 6 – 41(2008).

26. Choi S. J. & Gulati G. M., *Bias in Judicial Citations: A Window into the Behavior of Judges?*, Journal of Legal

Studies, Vol. 87, p. 37 – 129(2008).

27. Dnes A. & Lueck D., *Asymmetric Information and the Law of Servitudes Governing Land*, Journal of Legal Studies, Vol. 38:1, p. 89 – 120(2009).

28. Freeborn B. A. & Hartmann M. E., *Judicial Discretion and Sentencing Behavior: Did the Feeney Amendment Rein in District Judges?*, Journal of Empirical Legal Studies, Vol. 7:2, p. 355 – 375(2010).

29. Uzelac A., *Efficiency of European Justice Systems, the Strength and Weakness of the CEPEJ Evaluations*, International Journal of Procedural Law, Vol. 1, p. 106 – 146(2011).

30. Kim P. T., *Beyond Principal-Agent Theories: Law and the Judicial Hierarchy*, Northwestern University Law Review, Vol. 105:2, p. 535 – 575(2011).

31. Maroney T. A., *Emotional Regulation and Judicial Behavior*, California Law Review, 2012, Vol. 99:6, p. 1485 – 1555(2012).

32. Chahyadi C., Sallehu M., *Off the Hook: Does the Supreme Court's Scheme Liability Ruling Benefit Firms in Litigation-Prone Industries?*, Journal of Accounting & Finance, Vol. 12, p. 2158 – 3625(2012).

33. Li Xueyao & Cheng Jinhua, *Structural Constraints on Legal Change: Chinese Lawyers in the Interaction between the*

State, the Market and Society, Social Sciences in China, Vol. 1, p. 73 – 74(2013).

34. Europe C. O., *European Judicial Systems*, CEPEJ Studies. Vol. 23, p. 184(2016).

35. Bunjevac T., *From Individual Judge to Judicial Bureaucracy, the Emergence of Judicial Councils and the Changing Nature of Judicial Accountability in Court Administration*, University of New South Wales Law Journal, Vol. 40: 2, p. 806 – 841 (2016).

36. Lee Epstein., *Some Thoughts on the Study of Judicial Behavior*, William & Mary Law Review, Vol. 57, p. 2017 – 2073 (2016).

37. Anagol S., *Adverse Selection in Asset Markets: Theory and Evidence from the Indian Market for Cows*, Journal of Development Economics, Vol. 129, p. 58 – 72(2017).

38. Abad D. et al, *Does Gender Diversity on Corporate Boards Reduce Information Asymmetry in Equity Markets?*, BRQ Business Research Quarterly, Vol. 20, p. 192 – 205(2017).

39. Gluck A. & R. Posner R. A., *Statutory Interpretation on the Bench: A Survey of Forty-Two Judges on the Federal Courts of Appeals*[J]. Social Science Electronic Publishing, Vol. 131, p. 1298 – 1373(2018).

40. Benhabib. J., Dong, F. & Wang, P., *Adverse Selection and*

Self-fulfilling Business Cycles, Journal of Monetary Economics, Vol. 94, p. 114 - 130(2018).

（二）著作

1. Cooter R. & Ulen T., Law and Economics, Third Edition, Adison Wesley Longman, Inc., 2000.

2. Segal J. A. & Spaeth H. J., The Supreme Court and the Attitudinal Model Revisited, Cambridge University Press, 2002.

3. Brooks R. L., Structures of Judicial Decision Making from Legal Formalism to Critical Theory. Carolina Academic Press, 2005.

4. Parisi F. & Fon V., The Economics of Lawmaking, Oxford University Press, 2009.

5. Sunstein C. R., Simpler: The Future of Government, Simon & Schuster, Inc., 2014.

后　记

2023年年初,本书完成了最后一轮全面修改。大约同一时间,十四届全国人民代表大会第一次会议顺利召开。新任最高人民法院院长、首席大法官张军要求人民法院工作须紧紧围绕“公正和效率”这个主题,《人民法院报》刊载了其“效率是人民的期盼”“效率服务服从于公正”“抓实公正与效率”“不考虑公正、效果的效率是低效率甚至是负效率”等观点。顿时觉得,本书在做到理论与实践相结合方面是基本到位的、在推进审判工作现代化背景下研究“审判效率”问题是有一定实践价值的、在构建中国自主的法学知识体系的背景下研究“法官行为”问题是有一定理论价值的。

回溯本书选题与写作的全过程,确实遇到了不少“拦路虎”——比如,究竟什么是审判效率、如何度量审判效率、审判效率如何影响审判公正?再如,中国式法官行为的理论基础如何架构、法官行为从哪些方面影响审判效率、如何论证法官行为影响审判效率的过程?又如,区分法院统计层面的审判效率与法官行为层面的审判效率的意义在哪里、怎么看待两者之间的有机联系和不同价值、在现阶段如何加快建立以法官行为为基础的审判效率体系？还如，在实践中法官行为导致的审判效率减损有什么表现形式、在信息问题背景下法官逆向选择行为会产生什么样的综合效应、如何建立有效应对法官行为效率限度的机制？……

这些问题均涉及对法学传统理论、思维方式、研究方法的适当调整。在努力克服命题体系较大、研究资料较多、论证过程较难等现实情况后，本书尝试在“法官行为、信息资源与司法效率”的整体框架下对上述相关问题进行初步探索和解析。囿于本人能力和水平限制，与主题相关的研究仍存在许多不足和遗憾，特别是没有能全面、逐一、精准地回答所有问题。“山随平野尽，江入大荒流。”如果通过阅读本书，读者大致能观察和体验到回答上述问题的方向和思路，或许这也实现了法学学者和研究人员所追求的目标价值。

本书付梓之际，我要衷心感谢郑成良教授、季卫东教授、李晓安教授、喻中教授、李学尧教授、秦裕林教授、侯猛教授、尤陈俊教授、王强宇教授、胡昌明研究员等学者在法学和经济学理论方面给予我的指导和帮助；要衷心感谢上海交通大学博士后流动站以及政法系统里给予我大力支持的朋友们，恕不在此一一列举诸位大名；要衷心感谢刘梦瑀编辑为拙著付出的艰辛劳动；更要衷心感谢我的每一位家人，特别是我的妻子——是你们让我在学术之路有了披荆斩棘、勇往直前的勇气和底气。

岁月不居,时节如流。作为人类共同的文明成果,学术研究将在今后应对全球挑战、推进国家治理、促进经济发展、激励科技创新、维系社会稳定等各个方面发挥更加独特且重要的作用。参与学术研究的使命是光荣的、过程是辛苦的,在此,也一并期望自己能勤勉思考、笔耕不辍,一直投身于学术研究事业!